U0926285

全國高等院校古籍整理研究工作委員會重點項目
浙江大學「211工程」三期「古代文化典籍整理、研究與保護」項目

義烏叢書編纂委員會
浙江大學浙江文獻集成編纂中心 編

傅巖文集

〔明〕傅巖 撰
陳春秀 顏春峰 點校

中華書局

圖書在版編目(CIP)數據

傅巖文集/(明)傅巖撰;陳春秀,顔春峰點校. —北京:中華書局,2019.1(2024.5 重印)
(義烏叢書·義烏往哲遺著叢編)
ISBN 978-7-101-12923-6

Ⅰ.傅… Ⅱ.①傅…②陳…③顔… Ⅲ.傅巖-文集
Ⅳ.Z429.4

中國版本圖書館 CIP 數據核字(2017)第 276492 號

書　　名　傅巖文集
撰　　者　〔明〕傅　巖
點 校 者　陳春秀　顔春峰
叢 書 名　義烏叢書·義烏往哲遺著叢編
責任編輯　劉　楠
責任印製　陳麗娜
出版發行　中華書局
(北京市豐臺區太平橋西里 38 號　100073)
http://www.zhbc.com.cn
E-mail:zhbc@zhbc.com.cn
印　　刷　三河市中晟雅豪印務有限公司
版　　次　2019 年 1 月第 1 版
2024 年 5 月第 2 次印刷
規　　格　開本/880×1230 毫米　1/32
印張 10⅞　插頁 2　字數 158 千字
國際書號　ISBN 978-7-101-12923-6
定　　價　89.00 元

義烏叢書編輯部

副主編（主持）施章岳

主編助理 傅　健

編　　輯（按姓氏筆劃排列）

李麗莉　吴雅珍　金福根　孟祖平

胡　鶯　孫清土　趙曉青　蔣英富

工作人員 虞金法　鄭桂娟　樓向華

總序

汩汩義烏江，從遠古流來，流過上山文化，流經烏傷古縣，流入當今小商品之都，流成一條奔涌着兩千兩百餘年燦爛文明浪花的歷史長河。

義烏江流域，山川秀美，物華天寶，文教昌盛，地靈人傑。自秦王政始置烏傷縣，兩千兩百多年的歷史時期，勤勞智慧的義烏人在此耕耘勞作，繁衍生息，改造山河，創造了璀璨的歷史文化。

義烏地方文化，是中華民族文化的組成部分，因其獨特的地理環境和歷史原因，又具有自身鮮明的特徵。

義烏文化的獨特性，體現在「勤耕好學、剛正勇爲、誠信包容」的義烏精神裏，體現在「崇文、尚武、善賈」的義烏民俗裏，體現在「博納兼容、義利並重」的義烏民風裏。義烏精神及民風、民俗遂成爲源遠流長的中華民族文化之泓泓一脈，成了中國歷史上不可或缺的一頁。千百年來，義烏始終在傳承着文明，演繹着輝煌，從而使義烏這座小城魅力無限。

義烏自古崇尚耕讀，特別是唐代之後，學風漸盛，素有「小鄒魯」之稱。自宋以來，縣學、社學、書院及私塾等講學機構多有設立，而「莅茲土者，莫不以學校爲先務」。故士生其間，勤奮好學，蔚成風氣，學有成就，燁燁多名人。並且，輻射出巨大的文化能量，不僅本地名儒代有，在浩浩學海與宦海中大展宏圖，而且還活動過、寄寓過數不勝數的全國各地的文化名人，從文人學者到書家畫師，從能工巧匠到杏林名家，其生動活潑的文化創造與傳播，綿延不絕的文化承續與傳遞，從來没有湮滅或消沉過。在博大精深的中華文化領域裏獨樹一杆頗具特色的義烏文化之幟，在優雅千載的儒風中誕生了許多屹立於中華民族之林的英傑。也正是文化底蕴的深厚與文化内涵的博大，造就了令人神往的義烏，使其作爲中華文化淵藪的鮮明形象而歷久彌新。

歷史，拒絶遺忘，總要把自己行進的每一步，烙在山川大地上。

時間逝而不返，它帶走了壯景，淘盡了英雄，留下了無數文化勝迹和如峰的聖典。只有在經過無數教訓和挫折之後的今天，人們才逐漸認識到作爲一個複雜系統的組成部分，城市的各要素所具有的種種不可替代的價值和功能，它們飽含着從過去傳遞下來的信息，而《義烏叢書》正是記録這些信息的真實載體。

歷史是無法割斷的，許多古老的文化至今仍然在現實生活中發揮着重要作用。當我們向現代化的目標邁進時，怎樣繼承古老文化的精華，剔除其封建糟粕，在傳統文化的基礎上建立社會主義新的文化格局，是一個擺在我們面前與物質生産同等重要的任務。

一位哲學家曾經説過，哲學就是懷着鄉愁的衝動去尋找失落的家園。今天，我們正處於一個重要的歷史性轉折時期，越來越多的有識之士也開始意識到，對民族民間文化源頭的追尋迫在眉睫。鑒於此，我們編纂出版《義烏叢書》，具有深遠的歷史和現實意義：

搶救文化典籍，古爲今用　文化典籍中的善本古籍，是前人爲我們留下的寶貴精神財富和歷史見證，極富文獻價值和文物價值。義烏歷代文士迭出，著述充棟。這些歷經滄桑而幸存下來的「國之重寶」，或出於保護的需要，基本封存於深閣大庫，利用率甚低；或由於年代久遠，幾經戰亂，面臨圮毀。如今，《義烏叢書》編纂工作的啓動，爲古籍的保護與使用找到結合點，通過影印整理，皇皇巨著擺除世紀風塵，使其化身千百，爲學界所應用，爲大衆所共享；同時，原本也可以得到保護。真可謂是兩全之策，是爲民族文化續命，是爲地方文化續脈。

繼承傳統文化，發揚光大 在義烏歷史上，有許多人文典故值得挖掘，有許多可歌可泣的先進事迹值得記載。撥浪鼓文化需要傳承，孝義文化值得發揚，義烏兵文化應予光大。但由於歷史上的義烏是個農業縣，文化底藴雖然深厚，載入史册的却寥若晨星。而深厚的歷史文化傳統能孕育和産生强大的文化力，能爲塑造良好的城市形象提供重要基礎，這種文化力所形成的精神力量深深熔鑄在城市的生命力、創造力和凝聚力中，是推動城市經濟和社會進步的内在動力。因而，《義烏叢書》編纂者堅持傳統文化與現代文化相銜接，精英文化與大衆文化相兼顧，創作出義烏歷史上從未有過的文化系列叢書，既是精神文明建設的需要，也是物質文明建設的需要。

追溯文化發源，承前啓後 義烏經濟的發展，並非無源之水，無本之木。「參天之木，必有其根；環山之水，定有其源。」義烏發展的文化之源、義烏商業的源流之根、義烏文化圈的形成特質，包括宋代事功學説對義烏「義利並重、無信不立」文化精神的影響，明代「義烏兵」對義烏「勇於開拓、敢冒風險」文化精神的影響，清代「敲糖幫」對義烏「善於經營、富於機變」文化精神的影響等。因而，如何用文化來解讀義烏，也成了《義烏叢書》的重要組成部分。

廣義的文化幾乎無所不包，狹義的文化基本限於觀念形態領域。從以上包含的内容可看出，《義烏叢書》對「文化」的界定，似乎介於廣、狹之間，凡學術思想、哲學原理、科技教育、文學藝術等多個類别與層次，均在修編範圍之内。

幾千年歲月蕴蓄了豐贍富饒的文化積澱。面對多姿多彩、浩瀚博大的義烏文化形態，我們感受到了其内在文化精神的律動。

保存歷史的記憶，保護歷史的延續性，保留人類文明發展的脈絡，是人類現代文明發展的需要。如今，守望歲月的長河，我們不能不呼籲，不要讓義烏失去記憶。

《義烏叢書》卷帙浩繁，她集史料性、知識性、文學性、可讀性、收藏性於一體，以翔實的史料、豐富的題材、新穎的編排，全景式地再現了江南「小鄒魯」的清新佳景和禮儀之邦精深的内涵。走進她，就是走進時間的深處，走進澎湃着歷史的向往和時代的潮音的寶地，去領略一個時代的結束，去見證另一個時代的開始。宏大精深的傳統文化曾經是，也將永遠是義烏區域文化賡續綿延的基石，也是義烏繼續前進乃至走在全省、全國前列的力量。在建設國際商都的進程中，搶救開發歷史文化遺産，掌握借鑒先哲遺留的豐碩成果，是全市文化學術界的共同期盼。因而，編纂這套叢書既是時代的召唤，也是時勢的需要。

習近平總書記近年來一直强調，文化自信是更基礎、更廣泛、更深厚的自信。我們認爲，地方文化是中華文化的本質特徵和根本屬性，是中華文化的重要代表。我們對地方文化源頭的追尋，正是爲了堅定我們中華文化的自信。這也正是我們編纂出版《義烏叢書》的主旨與意義所在。

義烏叢書編纂委員會

目録

元人二十諸天畫像贊

詩十五首

附録

前言

傅巖，字野倩，號辛楣，明婺州義烏人，約生於萬曆二十八至三十年（一六〇〇—一六〇二）[一]，卒於清順治三年（一六四六）。少孤而貧，由義烏流寓省城錢塘（今浙江杭州市），遂入籍定居。「及長，好讀書，作詩賦、古文辭，皆鐫理刻肌，風瀾特妙[二]。」明天啓四年（一六二四）中舉人，崇禎七年（一六三四）中進士，任徽州府歙縣知縣。傅巖「才情詳練，氣宇開朗」[三]，爲官清廉，具經世長

[一] 據廖暘《元代二十諸天的圖像志考察——以〈護國寺元人諸天畫像贊〉爲中心》，《宗教信仰與民族文化》第三輯，社會科學文獻出版社二〇〇九年。

[二] 《（乾隆）浙江通志》卷一六五《人物二一·忠臣二》。

[三] 《歙紀·紀薦剡》。

才，同僚稱其「襟懷月朗，操履冰清」，「才品兩優，循聲獨擅」〔一〕。知歙五年間，正值明季王朝大厦將傾，政治狀況千瘡百孔，其間歙縣「連遇旱澇」，而傅巖「董師儒，嚴保甲，增城堡，警萑苻，緩催科，練鄉兵，救荒嘆」〔二〕，鋭意袪奸，重手革弊，兢兢業業，夙夜憂勞，終使歙縣風氣爲之一新，尤屬難能可貴。同僚譽之爲「徽郡第一循良」「江南第一循良」〔三〕，明思宗於崇禎十一年敕命褒奬。大約於崇禎十二年（一六三九）五月之後離任〔四〕，「遷户部廣東司主事，調儀制」〔五〕，其《庚辰元旦》詩可爲旁證：崇禎十三年（庚辰，一六四〇）元旦，他在遠離故鄉（「遥思故鄉」）的京城做官（「趨朝」），官職不高（「傳柑秩尚微」），不久可能因「與上

〔一〕《歙紀·紀薦剡》。

〔二〕唐暉《邑大夫傅侯歙紀序》。

〔三〕《歙紀·紀薦剡》。

〔四〕《歙紀·紀政迹》之《事迹》。

〔五〕錢海岳《南明史》三九五〇頁，中華書局，二〇〇六年。六舟的《跋》説「由歙令行取爲江西道監察御史，事詳《畿輔通志》」。然而查《畿輔通志》并無相應記録。管庭芬咸豐二年（一八五二）「七夕後一日」所作《跋》將「六月既望」所作《跋》「行取爲江西道監察御史」推遲到「南都既立」之後。

官不合」回到杭州。傅巖嗜好佛典，家中樓閣滿是佛經，終日焚香默坐，有終老之志，曾爲杭州護國寺元人諸天畫像作贊。南明弘光元年（一六四五），魯王監國，起用傅巖爲江西道御史，隨大學士、婺安伯朱大典固守金華。次年（一六四六）六月，城破，與其次子齡發、三子齡熙同時遇難（一説回到義烏去世）。[一]因故幸免的長子齡文，將亡父尸骨歸葬於杭州慈雲嶺之施家山。乾隆四十一年（一七七六）追謚節愍，入忠義祠。

傅巖著述繁富，據記載有《乘檻草》四卷、《花巢紀事》二十四卷[二]、《黄山録》四卷[三]、

〔一〕錢海岳《南明史》三九五〇頁：「相持三月，城圍益急。請招子弟豪望爲援，夜縋出歸里，集義勇數百人，率子齡發、齡熙及千元時趨金華。猝遇清兵，不顧衆寡，奮擊，所殺過當。清急麾後隊數萬人至，巖等力竭，皆戰死。」又，清徐鼒《小腆紀年附考》卷一二（中華書局，一九五七年，四八三頁）：「御史傅巖爲義烏强宗，請以子弟兵爲援，泣許之，夜縋而出……傅巖還至義烏死。」

〔二〕《千頃堂書目》卷二七。

〔三〕《千頃堂書目》卷八。

《南山重修六通寺記》〔一〕、《甲戌紀事》、《十願齋花巢傳詩》〔二〕、《花巢詩稿》〔三〕、《花巢軼稿》八卷〔四〕，均不存。今僅見《元人二十諸天畫像贊》一卷、《歙紀》十卷及零星詩作。據《四庫全書總目》卷一三八類書類存目二，傅巖還著有《事物考》八卷，是「浙江朱彝尊家曝書亭藏本」。然而《續修四庫全書》子部第一二三二册影印清華大學圖書館藏明嘉靖四十二年何起鳴刻本、《四庫全書存目叢書》子部第二三三册影印天津圖書館藏明隆慶三年刻本，《事物考》撰者均爲王三聘。據杜澤遜《四庫總目〈事物考〉提要辨正》考證：「檢諸家目録，題傅巖撰之《事物考》八卷未見著録，訪之南北各館，亦未見有藏。取王三聘《事物考》八卷與《四庫提要》相核，可斷爲同書。《事物考》當爲王三聘撰，非傅巖撰。其所以誤爲傅巖撰者，當以隆慶三年王嘉賓《刻〈事物考〉跋》所致。」〔五〕

〔一〕《（乾隆）浙江通志》卷二五五。
〔二〕《（嘉慶）義烏縣志》卷一三。
〔三〕《御選明詩》卷一，影印文淵閣《四庫全書》。
〔四〕六舟《元人二十諸天畫像贊跋》。
〔五〕《圖書館雜志》二〇〇二年第三期。

《歙紀》係傅巖擔任歙縣知縣期間所作的詩文、公牘及有關官員對其考薦評語的彙録。全書十卷，卷首收列明季歙籍官員畢懋康、畢懋良、唐暉、吴孔嘉、姚思孝、王文企所撰的六篇序言；卷一《紀恩綸》，收録崇禎帝敕命二道；卷二《紀薦剡》，收録當時各級官員對傅氏政績之評語；卷三《紀贈言》，佚闕；卷四《紀問政餘業》，收録所作的詩文；卷五《紀政迹》，分《修備贅言》《事迹》兩部分，《修備贅言》談武備，《事迹》分條載述所做諸事；卷六《紀詳議》，詳載處理諸事之公文；卷七《紀崇闡》，收録爲忠孝節義者所撰的表彰文字；卷八《紀條示》，收録所頒布的禁令和告示；卷九《紀讞語》，收録審案之判牘；卷十《紀輿情》，收録徽歙人士對傅氏政績的稱頌詩文。此書真實記録了明季徽州的社會狀況，客觀地揭示了當時社會的諸多弊端和危機以及「三農野哭」「萬姓隅悲」（《紀詳議》）的現實，反映了明季政治、軍事、法律及民風民情在縣鎮層面的真實情狀，是研究明史和徽州社會史的重要史料。又因書中所記皆傅氏親歷親爲的第一手材料，故具有獨特的文獻價值。《歙紀》刻於明崇禎十二年下半年或稍晚，之後未見其他刻本。崇禎本現僅見於安徽省圖書館，綫裝四册；半葉八行，行十八字；序文半葉六行，行十二字，皆手寫上板；白口，單尾，四周單邊，版心上方標書名和卷次。

諸天是二十位天神的總稱，佛教寺廟大殿兩側供奉二十諸天，爲護持佛教的天神。杭州護國寺元代二十諸天畫像圖軸，高三尺餘，寬一尺三寸，爲元人王永綏所畫。從畫贊後有多名錢塘人題跋來看，崇禎十三年（一六四〇）至南明弘光元年（一六四五）時這組作品仍收藏在杭州，并曾在當地的梵天講寺、靈鷲山房等處傳觀。當時要重裱整套作品，上下界以素縑，以是因緣，遂由傅巖題贊於上，捐工助裱的人題寫考述及發願文於下。這組作品清咸豐中仍存世，咸豐二年春在護國寺被汪士驤（字鐵樵）發現，净慈寺住持六舟（一七九一—一八五八）借去，管庭芬（一七九七—一八八〇）對每幅畫像的内容加以概述，并將其上傅巖的贊（贊語均爲四言十二句四十八字）、助裱人的考述與發願文、題識等逐次鈔出，對涉及的神靈、人物略加考訂〔一〕，打六月、七月兩次書寫跋文，是爲《元人二十諸天畫像贊》。同年十月六舟亦作跋，打算勒石或付梓。同治初年此書流落書肆，爲丁申（一八二九—一八八七）、丁丙（一

〔一〕以上據廖暘《元代二十諸天的圖像志考察——以〈護國寺元人諸天畫像贊〉爲中心》，《宗教信仰與民族文化》第三輯，社會科學文獻出版社，二〇〇九年。

八三二—一八九九）兄弟所得，且著録於《八千卷樓書目》卷十一：「《元人諸天畫贊》一卷，國朝管庭芬撰，鈔本。」光緒二十一年（一八九五）夏由丁丙刊行，收入《武林掌故叢編》第十八集。

《歙紀》原由陳春秀整理（余國慶、諸偉奇先生審訂），列入《安徽古籍叢書》於二〇〇七年出版。現由陳春秀再次核對安徽省圖書館藏崇禎本，承蒙劉世南等先生修訂標點。《元人二十諸天畫像贊》的點校，由顏春峰承擔，以上海圖書館藏清咸豐二年管庭芬鈔本爲底本，管庭芬鈔本半葉十行，每行二十二字，紅格、楷書，與陳撰《書畫涉筆》、釋明本《觀音大士三十二贊》、翁廣平《書湖州莊氏史獄》合册[一]，參校《管庭芬日記》[二]、丁丙《武林掌故叢編》本。蒙劉世南先生審閲，謹致謝忱。傅巖生平著述考證以及詩十五首的收集，由顏春峰完成。有關傅巖生平的三种資料，作爲附録。

〔一〕參見沈津《上海圖書館善本書録六則》，《文獻》一九八九年第四期。

〔二〕中華書局二〇一三年，一四四〇—一四四一頁。

异體字改爲規範字，古體字、俗體字均保留底本文字原樣，不作改動；漫漶字以方框□代替；避諱字直接回改，不出校。

歙紀

序

治以豈弟爲主，不樂爲敢鷙踔厲之政。嘗曰：「長民者一念睢盱，下必有什伯收其弊者。」吾使人坻伏我乎？無寧使人昵就我哉！又能不爲一切煦婾，所興舉祓除，輒風雷行，使人内衣食其賜而外重犯法。於是乎不競不絿，斟酌粱肉藥石之間，低昂茫刃斧斤之際。侯視民如子，而民愛之如父母。即其感而後思，思而後積，積而後滿，滿而後作，民情大可見矣。二三子衿素游冶鑄者相與謀曰：「此真循良譜也。及今不紀，令漢廷諸守令專美於前，毋乃令班范笑人乎？」於是薈集成書，名曰《歙紀》。紀學政則蜀郡之薪槱也，紀明察則潁川之推行也，紀靖變則渤海之蕩平也，紀賦額則内史之催撫也，紀步禱致霖、豐穰屢奏則牟密之諴格也。而諸生長歌短律，黎庶巷咢途謳，各舉所見以爲輿頌，又皆中和樂職之遺，含淳咏德之響也。而龍章鶚焌，冠玉其前，美矣盛矣，蔑以加矣！末簡則載《南征賦》一篇。夫賦者，古詩之流也。今之工詩者不必工賦，即二三大家，賦亦鮮合作。吴明卿晚不敢出其集，曰：「缺騷賦，無以弁。」侯能作賦，直欲控引宇宙以自披豁，從事於先輩所謙讓未皇者。試一掩卷而按其姓氏，孟堅耶？太冲耶？束晳、應瑒耶？何所不肖？誰得指而曰今之人也？是《歙紀》一書，即神雀、五鳳之間所稱彪炳殊尤，如公者寧可一二見也？今上方瑩精吏治，以侯諸治行固上所寤寐求也。璽書慰勞，行將以治行高等徵拜爲館閣臺諫，當晋而咨屏軒之間，或評駁諸司章奏，若臚列天下政事，推擇人材，其爲卓識鴻議，即取之夾帶中裕如矣，天子必且大愷矣。

賜進士第、通議大夫、資治尹、兵部右侍郎、前南京通政使司通政使、奉敕提督軍務、撫治鄖陽等處地方、都察院右僉都御史、順天府府丞、三奉敕巡按直隸等處山東陝西閲視延固二鎮邊務、廣西道監察御史、中書舍人、予告通家治生畢懋康頓首拜撰。

《歙紀》序

杜下史有曰：「太上下知有之，其次親之譽之。」《傳》曰：「無翼而蜚者，聲也；無根而固者，情也。」兩者相提而論，千古吏治之徵具是矣。夫結繩之世，民心忘，睢睢盱盱，類可澹漠而治。中葉以降，民心熾，治之有標有本，有喜有怒，有文告有案牒，有擊壤興懷，有式歌且舞。其道率根極政事，德澤入人，發乎情，符乎天，止乎義理，厥有自來。邑侯傅公以名進士來莅吾歙，歙人士聞而喜曰：「是文章經國之彥，神明之長，何來暮乎！」侯至，風聽臚言，洞晰民隱，精乎治辦，犁然有當於人心。期年，賢能聲大著，四境旁溢。途有謳，輿有誦，士庶迭賡，詩歌當道，具列薦剡，積之成帙，洋洋盈耳。諸文學因請侯褒嘉王言、宣布詔令及喻懷、南行諸什都爲一卷，合梓之，而題曰《歙紀》。揚榷一時，治績休美。大較侯爲政悉本故府令甲，而劑以時宜；精心靈盎，而出以寬大。無鍥急，無瘢索，無察淵，無束濕。害馬敗群者去，民狎於野乎？迎綸吸餌者遠，士願於庠乎？城社虎冠者屏門以内，若負霜雪乎？境嚴謝客之檄，市無折閱之貨，野絶攤錢之戲，平反者得其情，商旅樂游其邦乎？間者歲比不登，震鄰戒嚴。一切徵兵徵餉，修備修救，羽檄絡繹不絶，中外調度無已。凡此皆人情時勢所極難，侯當之，恢恢游刃有餘，曾無足難。侯者豈非有得於綜理微密、經術潤飭吏事之明驗歟？蓋侯以葩經魁禮闈，三百篇，政事大宗也。《豳風·七月章》諸如日月星辰、昆蟲草木、父子夫婦、祭祀燕享，食力助弱之不軋，摭取驗焉，以厚勸民，其苞舉治理何詳。侯咀其精以吟咏，其緒餘施之簿書案牘間，崖略正未易窺耳。然朗情曠懷，賦筆尤奇絶驚人，可稱名世。嘗從暇逡巡過余，欿然自視，若重有嗛嗛兹紀者。余曰：向見侯之治，今見侯之心，《詩》不云乎：「樂只君子，民之父母。」子輿氏曰：「仁言不如仁聲之入人深。」夫民慮之於心，宣之於口，成而行之，此仁聲也。三代以下，吏治蒸蒸無如漢。考其治，不過悃愊無華，政平訟理，使民無嘆息愁恨之聲耳。吾歙山谷一隅，何足殫？侯彈指治，而一時上下名實相應，幾幾親之譽之。兹紀具在，指日采之太史，紀之司勛，炳琅史册，揆所自出，猶將侈吾歙於《豳風》焉。其頌而美，美而傳，有以夫！

賜進士第、資治尹、正議大夫、工部左侍郎、通家治生畢懋良頓首拜撰。

邑大夫傅侯《歙紀》序

吏治文章，未可一視。若侯者，可二視乎哉！侯之爲文，奇巒突地，峭壁插天，酷類吾黄海諸峰，既謁選得黄山長。噫！文字之緣，山谷之響，亦自有聲氣乎哉！而侯之莅兹土，則悉本其平日之所發爲文章者，一一措之於政事。嘗誦其富教之略，有曰：「物力未饒，不足以華國；稚壯俱逸，漸足以累生。自下車來，一惟上遵國憲，下軫民瘼，尋常尺幅，不忘媚兹一人、敬我百姓之意。」紀侯者，可得其大概矣。然侯之爲治，悃愊無華，不肯飾虚聲以塗世。歙胡爲有《紀》歟？蓋自司馬遷作帝王本紀，歷傳以迄近代，有歐陽永叔《五代紀》、房玄齡《晋紀》、魏徵《隋紀》、沈約《宋紀》，編年紀月，比類屬辭。奕世以下，讀其書，想其人，鱗鱗炳炳，燦若列眉，此都人士之有請於侯也。惟是考厥所載，非出侯之所及於士民者，即士若民之所獻於侯者。侯之所及於士民，如董師儒、嚴保甲、增城堡、警萑苻、緩催科、練鄉兵、救荒嘆者是。士民之所獻於侯，如童之謡、巷之歌、士之賦、官屬之獻納者是。紀侯之及於士民者，見侯之有造於歙也，相如之檄、昌黎之文也。紀士民之獻於侯者，見歙之不忘夫侯也，召公之吟、郇伯之誦也。使後人之莅兹土者，按《紀》而觀，若睹李龍眠《山莊圖》，令入山之人信足而行，自得道路；泉石草木，不問而知其名；漁樵隱逸，不名而識其人，真覺新令尹之必告古人殊爲多事。歙寧無藉於《紀》哉？雖然，《紀》又寧獨利於歙也？昔魏文侯命西門豹治鄴，曰：「人始入官，如入晦室，久而愈明。明乃治，治乃行。」故耳聞不如目見，目見不如足踐，足踐不如手辨。是《紀》也，固侯之明而治，治而行，著之可爲令，垂之可爲憲者也。視而效之，天下萬世將有賴焉。侯於是令歙三年矣，戴星之勤漸紓，朝天之期匪遠。行將平臺召對，晋而咨屏軒之間。虚懷諏度，則斯《紀》取之夾帶中，裕如矣。金甌暗卜，玉燭常調，緊侯之賜。此又余兄弟之舉手加額，冀侯之特簡，以爲聖主得賢臣頌者。是役也，天子詢事而考，錫馬而蕃，褒美光寵，方來有慶，木天梧掖之間，虚席以待，且將以經人代翊天步。樂只君子，井收勿幕，寧獨禔福一歙已耶？

賜進士第、中議大夫、贊治尹、奉敕巡撫湖廣等處地方提督軍務、都察院右僉都御史、前太常寺少卿、欽差督催湖廣餉務、吏部驗封清吏司郎中、文選考功清吏司員外郎、典陝西試事、通家治生唐暉頓首拜撰。

邑侯傅父母《政紀》叙

語曰：「卑而不可不因者，民也。」夫民别而聽之則愚，合而聽之則聖。古之治者，以民心爲心。民所向背，而上之考績因焉。故譽於朝不若頌於野，聽於左右不若聽於國人。子輿氏云：「仁言不如仁聲。」聲者，實之孚也。澤門之晰，邑中之黔，彼實有口，孰能防之？輓近實之不孚，而托於名不可近。豈三代以下猶以名是惡哉？多見其無實也。聲音笑貌不可僞爲，惠心我德，理有自致。若傅侯之於吾歙，則余生平睹記得未曾有也。歙故稱壯邑，今大不然。地介萬山中，人多逐末舍本，皆仰給於四方。穰不能聚三月糧，凶則粒米珠玉，岌岌莫保其生。兼比來萑苻多竊發之虞，杼柚有幾空之嘆，苟非仁心爲質，四應長才，未易勝其任而愉快者。侯爲浙之名魁，聲著兩都久矣。幸天子顧念畿輔，假侯以重敝邑。甫下車，即問民疾苦而輕重布之，心靈手敏，動中機宜。比及三年，涵濡化洽，第睹士式於庠，農熙於野，商賈安於市，和氣盎溢，時不爲灾。闔邑士民咏而歌之，不能已已。余竊聽其辭，有曰：「練溪之水，可比使君。中何所有？明月披雲。侯束矢鈞金，不入守藏；四方庭實，不入行馬；罌瓖瑱環之饋，不入境；稻醴粱糗之奉，不煩里旅。清則實維我侯！」有曰：「自侯之至止，門外無追呼，田家何所有？酌醴焚枯魚。侯明約束，申法令，金夫錢神不敢請謁，足恭利口不敢取容，假狐冠虎不敢爲奸利，掾曹捧手抱牒，伍伯植立如楢。嚴則實維我侯！」有曰：「意城志壘，片言可摧，門外若盾，門内若衰。車輪爲虱，微而彰矣；匹練爲馬，遠而昭矣；角弓爲蛇，疑而晰矣。窮象則夏鑄九鼎，理紛則齊解連環，雖有儇巧，安所庸之？明則實維我侯！」余聞之而擊節曰：允若父老之言，誠善頌也！第維今者邊腹未靖，羽檄紛馳，國計民生，公私交困。惟於恪遵功令之中，而寓催於撫，曲體聖明軫恤之至意；於一隅稍安之日，而設防於豫，獨效百年保障之遠圖。此段精誠，自越常調；此番幹濟，方著寸猷。想侯年來所蚤夜嘔心，自靖自矢，未許吾儕窺測其萬一者，意在斯乎？雖公車薦牘，循良設科，黄金璽書詔勞，一歲九遷其官，寧以易此？《泰誓》有言：「天之視聽在民。」民心聚則天心總。太宰方以侯之最上聞於天，一旦臨軒而命侯曰：「若金，用汝作礪；若濟巨川，用汝作舟楫；若歲大旱，用汝作霖雨。」此侯家故事，豈惟一邑受賜，將天下并受其福。余讀侯之《政紀》，而知今日上下之同心也。繇是而書旗常，勒鐘鼎，斯《紀》特嚆矢也夫！

舊史氏治生吳孔嘉謹書。

傅侯《歙紀》叙

盛晚一氓，邃季一吏，陶姚迄兹，一明試車服。論世者輒尚古而庸今，一矯之，旋難今而易古，展也語冰之鮮克當也。粤稽琴瑟，有依永者，有更張者，以諮倫曠弗覺也。繇知任盤錯者見根節，器猶未利也。夫吾歙伊鄣首邑，稱明劇艱，理匪今斯，今自傅侯爲之獨不然。侯莅歙畢三祀，一切否易辦者，侯既身之，厥嘉惠我歙，不必弓爲弧、馬爲駟也，游刃髖髀之間而已。蕡也，臯澤也，鴻車也，牛郵也，烏用不屋丸，靡萑叢鮮纆，四封之内不啻庚之策策，辛之堂堂。夫侯允才乎？然歟？薆薆歟？嗃嗃歟？若侯也，不亦倫曠之琴瑟我歙也歟？古今人豈遽不及，往良宰陳太丘、劉東平、韓下邳、孔姑臧尚矣，咸自水火而衽席之，斯聲施至今。若夫衽席之而何有之？何有之而終不斬便便之飲食，教誨自時弗諼矣。侯也視古人復何似？侯今兹報政，喜渥元首，爰晋厥階疏，榮厥所生。於是歌舞塗巷者，滋勤勤焉。邑暨鄰若賢士大夫載譜之而紀之，依然康吻也。《紀》適成，俾余綏在昔升侯賢書者曰：山陰姜公，首拔侯春宫者，則進賢傅公。咸余具席，庶常先後親炙其教者也。溯河源者，何必閟磨黎之干，積石而上，庑者槩者亦識其慨，余即戔戔乎？抑何以謝庑若槩耶？夫媚於天子，媚於庶人，侯洵無間矣。天子崇吏治，方摯而旁求爰立，日殷殷焉。行見商明一傅也，寧直盛晚一氓，邃季一吏，陶姚迄今，一明試車服而已哉！余請日誦《説命》之終篇，曰：「敢對揚天子之休命！」

賜進士出身、徵仕郎吏科給事中、前翰林院庶吉士、通家治弟王文企頓首拜題。

邑大夫傅侯《歙紀》序

《歙紀》者何？紀歙傅侯之政治也。千古政治之赫奕史册者，上不忘敷奏，下不廢謳吟，取其《紀》之足以勸後焉爾。然則是《紀》也亦猶行古之道也哉！序而張之者何？因其戴星而出，邑無廢事也；因其鳴琴而理，庭有餘閑也；因其書門謝客，片言郤溪上之帆也；因其枉駕求賢，虚懷借席前之箸也；因其拔十得五，校讎鮮冬烘之腦也；因其用一緩二，催科絶暑雨之嗟也；因其祈晴禱澍，持苦類祝洛陽也；因其設庾勸糶，救荒如趙越州也；因其處膏腴而不潤，似孔奮之治姑臧。遇冤抑而能理，若周紆之處廷椽也。土可充糧，不數張堪之兩穗也；亂能使定，何煩虞詡之三科也。昔余歸里，楷模在堂，目之所及不少也；今碑版載道，耳之所及尤多也。目之所及，以目紀之；耳之所及，以耳紀之。而愛侯者必欲揚之以舌、繪之以筆也。夫筆詳於舌，舌詳於耳，耳詳於目，人願爲其至詳者也。乃目確於耳，耳確於舌，舌確於筆，余願爲其至確者也。詳且確，固仁人豈弟之言，亦王府典則之訓也。天子采風，《紀》固不減董狐之筆；明堂貢俗，歙亦何慚鄒魯之遺？有侯如是，而不躋之木天、晋之蘭省，以慰聖明格外之求，當事者之咎也，而安得不紀之也！安得不序之也！問紀者誰？則版築之嫡系也。問序者誰？則史局之舊臣也。

賜進士出身、文林郎、侍經筵、兵科都給事中、前户兵工左右給事中、册封德府正使巡視京營、翰林院庶吉士、通家治生姚思孝頓首拜撰。

歙紀卷之一　紀恩綸

敕命之一

奉天敕命

徽州府歙縣知縣巖之父：修行砥躬，逃名適性，趨人於急，忘己之私。處圭竇以譽盈，號德里而慶衍。是用贈爾爲文林郎、直隸徽州府歙縣知縣。賁汝馬鬣之封，比於箕尾之宿。

敕曰：母愛子倍父，吏之愛民有母稱，詎非慈教！爾戴氏乃直隸徽州府歙縣知縣傅巖之母，惠温佩葦，勤奮茹荼。玄鳥誕瑞於後人，黄鵠興嗟於蚤歲。慈嚴合德，貞淑詒模，是用贈爾爲孺人。庭萱雖瘁，墓棘猶馨。崇禎十一年敕命之寶

敕命之二

直隸徽州府歙縣知縣傅巖并妻敕命一道

奉天承運皇帝敕曰：宰劇邑需才，宰罷邑需德。簡厥良緣而拊之，俾克康濟而治，詎曰俗病之難理！爾直隸徽州府歙縣知縣傅巖，名冠兩科，仕筮百里。材堪濟變，禦灾扞患之多方；簡以馭繁，經賦弊訟而不擾，都鄙樂只，闤市晏然。是用授爾階文林郎，錫之敕命。朕用閔於兹邑，株連多故。昔劇今罷，繼自今益懋厥德，弘厥才，遠績前烈，而終庇民，汝則有迪簡。

敕曰：婦而勖帥以敬良士良吏，咸與有成焉。爰是從夫之爵。爾直隸徽州府歙縣知縣傅巖妻姜氏，鳴雁迪和，淳酪成性；執絲毖業，行葦敦倫。嘉兹三异之旌，實汝四德之懋，是用封爾爲孺人。調弦勵理，佩紺增華。崇禎十一年敕命之寶

欽紀卷之二　紀薦劾

薦語

欽差巡按直隸鳳陽等倉監察御史郭：以嚙雪飲冰之守，運追風逐電之才，故灾傷猶是也，瘠疲猶是也，而撫字依然，催科不礙。非實心爲國，無此擔當；非素信結民，無此鼓厲；非有酌盈濟虚之才力，無此幹濟。廟廊之上需人，政急有官如此，所當破格優异，以備行取擢用之選者也。

欽差巡按直隸屯田馬政監察御史左：品實孤峻，識甚靈瑩；氣定神閑，老成歷練。莅事以來，除衙蠹，清淹獄，賑恤煢獨，蠲除煩苛，孔邇之頌，已遍四境；而設法輸挽，歷來積弊積逋，一朝頓革，尤廉能之懋著者。

欽差巡按浙江等處監察御史林：聳漢淩霄峻品，追風掣電長才。而真心求莫，鋭志袪奸，非定力定養，不能具此作用。

欽差總督糧儲户部右侍郎兼右僉都御史吴：鎮煩以簡，解綱以惠。正氣清裁，翕然輿誦，而雅意急公，才誠兩合。

欽差巡按直隸鳳陽等倉監察御史倪：品端方而不事紛囂，才老成而可堪大受。賦清夙逋，弊剔遺奸，蠲煩去苛，保民捍患，規恢注厝，若夙構於胸中者。

巡按直隸應天等處監察御史劉：才情詳練，氣宇開朗。聞警火速戒備，遇旱風馳救療。至清逋袪弊，修廢滌苛，尤見能手。

欽差巡按浙江等處監察御史賈：丰格俊爽，性識靈通。圓機御變，事事備極周詳；慈惠愛人，處處咸蒙汪濊。

南京工部尚書蔡：輸將罔敢後時，織務大爲有裨。例應紀録。

欽差巡按直隸上江兼管漕糧監察御史胡：性地靈通，才諝爽練。設單以革賦弊，驅棍以清盜源。連遇旱澇，設法賑濟。惟其理縣之有譜，不見救荒之無奇，巖邑循吏也。

欽差提督應天等處學政監察御史楊：迎刃弘才，飲冰介守。其處心積慮，惟是惠民戢奸。徵收則令自封投櫃，且懸金以禁加耗，猾役不得輕重其手。至嚴保甲，造火器，扼關防，課較青衿，無不犁然。允稱經濟卓品。

巡按直隸應天等處監察御史張：珪璋之品，磊落之才。寓撫字於催科，飭武備於文事。繁難巨邑，游刃有餘，循良中之杰出者。

欽差巡視太倉銀庫督理新舊餉務科曹道：新舊餉額十分完全，此雖不更考官評，而完餉如此，可謂有裨國計。應薦揚，以備擢用行取之選者也。

欽差總督糧儲南京户部右侍郎兼都察院右僉都御史李：霞舉英標，冰凝峻節。除耗、清訟、剔奸，各務炯然。肝膽照人，宜民輸將之源源也。允矣，清華之品。

欽差巡按直隸屯田馬政監察御史趙，首薦：和霽披人，明潔照物。感民樂輸，不事追呼。青衿式其化，赤子滋其膏。經濟妙品，循卓冠軍。

欽差提督操江兼管巡江南京都察院右副都御史加服俸一級王，首薦：明如懸炬，慈若披雲。催科不煩而民樂輸，祛弊有方而事盡舉。其嚴保甲，慎關嶺，體民瘼，端士化，具見經世偉幹。

欽差總督剿寇糧餉户部左侍郎傅，薦語：璞玉渾金之品，行雲流水之才。勸輸能勤，開納恐後。

巡按應天等處兼管監軍監察御史陳，薦語：歙縣知縣傅巖，任内日用見銀印封平買，錢糧花户自封投櫃，立比較長單，置三連票，汰朋役，究積蠹程子文等。城守造火箭、銃藥，又嚴保甲，驅流娼、僧道，肅清盜源。該職看得本官才本犀利，治務廉平。寓催科於撫字，悉吏弊以鉳筩。静萑苻，端士習，息虞芮，久道化成，政績巋然。

給繇考語

直隸徽州府知府戴：襟懷月朗，操履冰清，長材巧試於烹鮮，巨識高懸於照燭。催科無優〔一〕，輸將及徵發之期；折獄唯平，剖決留神明之譽。鄉兵練而萑苻戢影，庠

〔一〕「優」疑當爲「擾」。

序修而棫樸興歌。鳧舄雙飛，驥足終當萬里；牛刀獨擅，棠陰已滿千家。宜登循卓，以新吏治。稱職。

欽差整飭池太等處兵備兼理錢糧驛傳江西布政使司右參議兼提刑按察司僉事張：燁燁材鎔金薤，崚崚節峻玉峰。民樂春臺，治成畏壘。稱職。

欽差整飭徽寧等處兵備兼理錢糧驛傳浙江布政使司右布政使兼提刑按察司副使侯：真品渾金璞玉，長才弄丸承蜩。賦税全完，撫字催科并用；兵戎整練，文治武備兼修。一塵不染，萬姓咸歸。循良之治，無出其右。稱職。

巡按直隸應天等處監察御史張：氣識宏深，才猷敏練。催科裕國，惠政宜民，循良之選也。稱職。准給繇，仍候會題留繳。

欽差總理糧儲提督軍務巡撫應天等處地方都察院右僉都御史張：宏猷出於慧識，勁力持以貞操。徵輸足額，聽斷惟平。既弊絶而風清，復民懷而吏畏。此真經濟長才，循良卓品。稱職。准給繇，照例接俸管事，仰候會題行繳。

欽差巡按直隸屯田馬政監察御史趙：精神焕發，力量擔當，酌盈濟虚，苦盡心血，故能百廢具興，三年有成。佇看循良美選，當爲匡時偉器。稱職，准給繇。

欽差巡按直隸屯田馬政監察御史帶管巡視鳳陽等處倉場趙：慈不廢法，廉以生明。吏畏民懷，催科撫字。允矣大受之器，卓哉循良之選。稱職，准給繇。

欽差巡按直隸巡視下江監察御史帶管上江兼糧儲陳：嚼雪清標，承蜩妙手，徵解得法而九賦泉流，撫循有方而四郊雨潤。吏畏嚴君，民歌慈母。循卓赫然，清班之望。稱職，准給繇。

欽差提督應天等處學政監察御史金：丰標迅爽，才猷敏練。清賦完公，撫字稱良。時當多事，尤先未雨綢繆，足資保障。稱職，准給繇。

欽差提督操江兼管巡江南京都察院右副都御史王：慧識瑩逾月鏡，清心寒灑冰花。保赤誠求，如剔賦弊，除衙蠹，勤賑恤，掃盜穴，事事曲軫民瘼。至詰戎練武，今日之保障，可豫百年之計。循卓上理，蔑以加焉。如此幹濟，斯謂之稱職矣，准給繇。

欽差總督糧儲南京户部右侍郎兼都察院右僉都御史李：規恢百度惟新，操持四知堪匹。當額賦漸詘之時，本折俱完，軍民交濟，非循吏而能若是乎！稱職，准給繇。

欽差總督剿寇糧餉户部左侍郎傅：秀擢金莖，清標玉尺。潔守姑臧謝潤，湛恩密縣流膏。稱職，准給繇，仍候撫按各院詳行。

吏部考功司郎中孟：才品兩優，循聲獨擅。

吏部尚書商：才品兩優，循聲獨擅。

大計卓异薦語

直隸徽州府理刑推官張：電掣之才，霜棱之介。催科不煩而民樂輸，袪弊有方而事盡舉。至其念切憂公，剸餉早完，具見經世偉幹。年貌端莊，心術光大，操守清潔，才幹練達。可居上等。

直隸徽州府知府戴：介節冰清月皎，長才霞蔚雲流。甘苦允調，士民協服。守清潔，才敏練；心明坦，政勤渠；年正茂，貌端偉。

又：念切憂公，心懷滅寇，清恬之守素孚，迅敏之才久練。剸餉樂輸，早完解額，當是諸令白眉。

欽差整飭安池等處監軍兵備兼理錢糧驛傳江西布政使司右參議兼提刑按察司僉事史：翦蠹風霆在握，流膏煢獨關心。革耗清逋，救荒防寇，皆以真精神，爲人作用，故能維繫民情。

直隸徽州府知府署徽寧道事戴：品如玉樹臨風，才若太阿斷物。徵科完額輒先，聽斷如流立割。膽力更旺，若冰壺之皎潔，不染一塵；如涌泉之洞達，大有過人之才。

欽差整飭徽寧等處兵備兼理錢糧驛傳浙江布政使司右布政使兼提刑按察司副使侯：丰格俊爽，氣識靈通。圓機御變，事事備極周詳；慈惠愛人，處處咸蒙汪濊。處紛挐之地而士紳無間，大有過人之才者。

又：以冰清之介節，運游刃之長才。性地通明，器局峻爽。莅事以來，清宿逋，祛弊蠹，修廢舉墜，綜密蠲苛，財賦應手，輸供民瘼，慧心朗照。至其嚴保甲，慎關嶺，尤見經世苦心。應留。

欽差提督應天等處學政監察御史楊，薦廉卓：以冰清之介節，運游刃之長才。事事悉中肯綮，人人盡沐恩膏。

巡按直隸應天等處監察御史張，薦廉吏：性地通明，才猷敏妙。莅事以來，清夙逋，祛弊蠹，修廢舉墜，備極苦心。

欽差總理糧儲提督軍務巡撫應天等處地方都察院右僉都御史張，薦廉吏：英標玉樹，利器青萍，拊摩而惠沃春膏，剔厘而奸消城社。清逾飲水，繁易理絲。真經世才也。

履任考語

直隸寧國府理刑推官查盤范，考語：朗昭水鏡，清湛冰壺，閭閻撫字惟勤，牖户綢繆罔懈。至徵糧有法，民自樂輸；而決訟如流，案無滯牘。真經濟之長才也。

直隸徽州府理刑推官趙，考語：卓品鵬摶勁翮，真才劍發新硎。方當筮仕之初，正值流氛震鄰之日，其撫綏鎮定，非夙有抱負者不能。若理劇徵逋，恢乎游刃有餘地，蓋已左右咸宜，方圓互畫矣。

直隸徽州府知府陸，考語：以端凝之度，運英敏之才，折兩造以片言，暢群生於百里。惠政渥覃河潤，遐邇之枯稿皆興；德聲懋洽風行，宿昔之煩苛頓解。輸將恐後，溢九賦於流泉；耕鑿無虞，奠兆民於安堵。練鄉兵則郊野戢萑苻之影，録髦士則庠序興棫樸之歌。已占小試於牛刀，行當大展其驥足。

欽差整飭安池等處兵備兼理錢糧驛傳河南布政使司左布政兼提刑按察司副使王，考語：雅節冰凝玉立，弘才電掣雷轟。剸繁邑而立割盤根，勤催徵而留心積欠。可臻後效，佇足逋稰。

欽差整飭徽寧等處兵備兼理錢糧驛傳江西布政使司右參政兼提刑按察司僉事盧，考語：峻品淩霄峭壁，雄材出匣銛鋒。革耗餘，除白役，簡詞訟，凡事以大力承當，子姓以真心撫恤。卓然名品，大受堪膺。應薦，而限於俸。

直隸安慶府知府署徽寧道事皮，考語：淩霄峻品，掣電長才。一種真精神之周徹，直令四境敉寧，百爲振舉。其設法輸挽，實能以人力補天工者。廉异榮名，已赫奕耳目間矣。

直隸徽州府督軍同知署本府理刑廳事許，考語：才雄百煉，心凜四知，遇盤錯而益勵其鋒，理繁劇則徹中其肯。催科不優〔一〕，備禦有方。允稱循卓之選。

直隸徽州府督軍同知署本府事許，考語：勁骨纖塵不染，和風比屋生春。念念以

〔一〕「優」疑當爲「擾」。

民瘼爲先，事事從公家起見。蓋文章吏治兼優，而循聲卓績無兩者已。

直隸安慶府理刑推官查盤薛，考語：威嚴城社，操凛冰霜。敷教以風化爲先，保民以根本爲務。興庠序，練鄉勇，飭關隘，簡訟省刑，而徵輸及格。信經濟鴻材，劻勷偉器也。

直隸監軍西屬等處太平府理刑推官查盤李，考語：干霄貫斗之品，排山倒峽之才。節凛冰堅，明同電燭。且清逋除苛，修廢舉墜，奚啻萬斛珠璣，可稱百城卓异。

直隸寧國府理刑推官查盤丘，考語：冰瑩持心，珪璧樹範。才則迅風掣電，識則皎日中天。剔厘不避髖髀，撫字特加孱弱。作人有菁莪之化，保練壯行伍之雄。種種實政，皆從惠心流出，真經文緯武而批郤導窾，江南第一循良也。允宜首薦。

直隸徽州府理刑推官張，考語：剸割具游刃之手，勵操稱冰壺之潔。挺然偉器，允爾异能。莅事以來，清逋祛弊，修廢舉墜，財賦應手，輸供民瘼，慧心朗照。至其嚴保甲，慎關嶺，尤見經世苦心。

又：剸犀截蛟之才，霜棱冰峭之介。明如懸炬，慈若披雲。催科不煩而民樂輸，祛弊有方而事盡舉。至其嚴保甲，慎關嶺，體民瘼，端士化，種種實績，足見經世偉力。

又：巨力幹以宏才，精心緯以朗識。寓催科於撫字，民樂急公；悉剔弊而厘奸，吏皆畏法。至於嚴保甲，慎關嶺，則萑苻無警；興學較，端士化，則菁莪播歌。介守卓然，宏猷杰出。

欽差整飭徽寧等處兵備兼理錢糧驛傳浙江布政使司右布政使兼提刑按察司副使侯，考語：丰格俊爽，性識靈通。圓機御變，事事備極周詳；慈惠愛人，處處咸蒙汪濊。如清夙逋，杜弊竇，財賦應手，盜賊寧息。處紛拏之地而士紳無間，郊圻皈依。非有過人之才，未易辨此。徽郡第一循良也。

又：品如玉樹臨風，才若太阿斷物。理煩劇而游刃恢恢，起雕疲而春臺皞皞。一時循吏，卓矣寡儔。

又：璞玉渾金之品，行雲流水之才。催科無擾而逋賦盡完，武備全修而釁芽預消。政成三年，心洽萬姓，徽邑良吏實無出其右者。

又：南糧，考語：守若臨淵，才同弄丸，催徵全無積逋，政治無非妙運。

歙紀卷之四　紀問政餘業

賦

南征賦

歲在丁丑，玄令告季。傅子爲邑，於今三年，將以報諸當路，達於天子。爰敦我旅，秣駟戒塗，北循池陽、姑孰，東折句曲、丹陽，南繞毘陵、姑蘇，西過吴興、桐汭，自宣之屬邑仍取道於績溪歸歙。以皆南畿轄也，故以南名篇。其辭曰：

發漸石之北闉兮，旆遥指於東方。溯迴溪之始濫兮，適修睦之友邦。綿頳崖之崔嵬兮，道臨流而阻長。郵依嶺以别置兮，翹鳥道之蒼蒼。尚徒步而坐嘆兮，矧縱勒以高躋。單車逶迤，望舒夜匿。麓居之寠，挾纜而立，争負使君之轅，倏上千尋之壁。睇野燒之嘯風，悟燎原之迅疾。君子慎其始然，善雖微而必力。信六嶺之尌屴，稱新安之四塞。奚慮夫萬夫之奮躋，雖一人而可扼。乃越華陽，旌德連壤。俗獷悍以習剽，競探丸而伏莽。移外臺於山椒兮，藉神羊以觸罔。鳴鼓角以静囂兮，高牙屹其雲上。於以控引萬壑之雄，坐制江皋之廣。溯北境以言邁，緊太平之幅員。彷秦韓之綉錯，隔峕崒之人烟。半剖軒轅之臺，斜界箬嶺之巔。販夫間行而鶩利，米盐擔負而息肩。暴客披箐以刃擬，孤徵升斗之必捐。時掩捕而罣辟，曾未滿夫數緡。誦哀矜之遺訓，欲解網而奚全。嗟龍門與石柱，何風俗之相漸。邇危關以時啓，庶函谷之封丸。

爾乃經其左疆，届於石埭。谷窈窕以窺天，川黝深而走瀨。峰翳拔於叢薄，路盤回於巘外。豈天設以資守，封黄海之迂怪。忽遵途以廣衍，見群山之岃蓏。送于役之遐矚，將弭節乎江湄。入青陽而宵騁，冒暗雪之寒姿。漸旭氣之熹微，已齊山之在兹。梁儲食魚而云美，錫嘉名以表池。卧長虹於南郭，亘秋浦而中分。急津柳之栖風，截島樹之還雲。悲昔才之落魄，壯遺咏於云云。雄城壓乎巨波，受軍檄之馳聞；距皖岳以雙峙，隔長江而占氛。守兹土之不易，胥治賦而能軍。迴策九子之阪，將沿姑孰之墟。芙客紺黛以林立，辭人贈謚於吟餘。無董王之貴赫，僅嵇向之狂疏。誠高隱之足慕，譬奉教於詩書。經南陵之九逵，道蕪陰之劇市。貨貝良謬以積牣，方言都鄙而騰瀰。夢日之區，離宮之址，咏史之濤，然犀之渚。佳哉姑孰！固六代之上游，而神京之右輔也。瘞金厭氣以爲阜，赭衣浚沼而成淮。大帝石頭之築，後主結綺之臺。蘭陵麗藻而耽寂，下邳武健而懷猜。弘以聖朝之規制，悠哉玉帛之所來。其外則天塹若帶，自西環北而東注。江浦横其烟荻，六合浮其雨樹，志釋捨俗於朱，茅翁得道於句。訪棠政而莫知其所，掩壺漿而尚存其處。其内則狹邪爽塏，綺靡杳恍，無蕪不儲，無菁不弢。篤生華轂之彦，勃鬱垂組之豪，張陸之締造綢繆，導安之拮据鎮定，陶温之戮力宣猷，周戴之宏才執競，王桓之爽偉跋扈，沈范之文章佐命，莫不攻守逸暇，富貴風流。聽禍福之殊軌，任隙嫌之互酬，亦足以徵扶輿之鍾，蓄有醇駁，故屢易氏而禪繼勿休也。

至若皇代巍巍，驅狄戎而定四届。始於淮泗，擊楫南建，而北制乎無外。經之以王宋之臣，撻之以常徐之帥，厲禁於宴游之池，養士於荒淫之埭。蓋圜橋而朝夕於斯，登版而溯洄宛在。細若衢陌坊署之置，屑若名物書數之泒，皆壽考所必綜，垂燕詒於弗壞。迨夫廓北平爲郟鄏也，蘧廬一宿而不再。偉矣哉！卜世卜年之先烈，詎懷土之愉快者與。悵小吏之瞻畏，無入都之令甲。循遥圻以引領，眺孝陵之巀嶭。松深黑以屯雲，映黄屋於修堞。基壯麗而不拔，情徘徊而惜别。遵彼旁邑，江路外賖，實維帝里，遺號朱家。日下草而風急，凝白露於蒹葭。詣雲陽之古市，晦夜櫓之丹霞。傷楚臣之道乞，咽鳳吹而長嗟。繄余馬兮泠溢，休余駕兮野圯。曰吴門之沮洳，將挂席於遥水。覯青蘋之盛怒，欲一朝而千里。瞬延陵之故墟，世三讓之脱屣。解佩劍於徐楸，聆樅簴於魯所。欣刁調之曷衰，錫山駛而焉止；滯姑蘇而陟陸，吊闔閭之堅城。冠斷髮以争長，乘申御而奔平。舍君宫以殘虐，雖踐荆而隕聲。犢愛女之夭骼，求生殉以無驚。仰舞鶴而下羡，謝離輸之巧營。咎夫差之嗣惑，有負薪之妖姱。羼微琅以奏榭，尸子胥而不顧。嘆高會於黄池，種蠡躡夫川路。何泰伯之至德，遂忽焉其斬阼。過吴江而若檜，度震澤之清隅。測陳武之雄宅，望隱侯之芳居。大令晝書之署，御史水嬉之衢。載皎魄而縱棹，繞吴興於寐餘。明發舟窮，征車粼粼。芰泗安而問風，屬長興之德鄰；思歸安之爲政，盍孔邇於二簪。夙稟訓於一師，歎接咳之無因。向桐汭而假道，出宣州之屬縣。緬謝眺之亮才，欽桓彝之臨變。境坦坦以町畦，漸岑嶔而竦蒨。當績溪之極偏，位行人於天半。慨長征之環涉，識敷治之大端。閔英六之罹鏑，閲沿流之謹嚴。題新都以樂郊，爲証繕之必先。俗外凋於亡賈，又内晝以高巒。紛先民之趨義，奚白解於豐鐫。雖竭蹷於敝賦，供飛羽之洊遄。寬民力以休養，勤家曉而户詮。庶幾夙夜，温恭以謹。維民之章，家譜是稟。日食一升，佐以止飲。百年後興，小臣不敏。崇禎戊寅季夏歙令傅巖野倩甫著。

詩

報政行役詩序

方外司馬畢懋康孟侯撰

今人一行作吏，琴歌既斷，墳典久埋，綢繆結課，紛倫折獄，又何暇問文墨之事？昌黎所謂非性能而好之，則不暇以爲也。邑大夫傅侯以蕊榜名俊，暫假烹鮮，玄心獨朗，風韵秀出。每於案牘喧囂之暇，攸爾風雅跌宕之懷，别有彩筆從中璀璨。比及三年，而政成奏最。揭其素絲者咏《羔羊》，揭其司直者咏《羔裘》，揭其有斐而不可諼者詠《菉竹》，挹其宜而好而席者詠《緇衣》。惟其有之，是以似之。君侯以《毛詩》起家，故弦歌成化，敦厚爾雅，得之詩教爲多。會報政諸當事者，從征轝行艭中共得古近體詩若干首，出以示余。超超玄箸，孤芳自妍，爲之拊几絶嘆。諷而詠之，有如清廟之瑟，朱弦疏越，一唱三嘆，有餘音者。即其决格取響，在王、孟、錢、劉間，而旨味淵永，覺《風》《雅》去人不遠。《記》云：「敬心感者其聲廉以直，愛心感者其聲和以柔。」故曰：「聲音之道與政通。」讀其詩，而廉直恬和之氣盎如也。其出於愛敬，流於樂愷，可從而窺。洵是移風易俗，厥有本源，類非取辦於簿書期會、刀筆筐篋之所能致也。

繇歙至池州太平蘇州取道廣德而還得詩十八首

報政

山勢圍晴郭，溪聲急雨舷。只知民是客，誰説吏如仙。鳥道軍書度，鳧蹤餉帖傳。謾稱家有譜，稍喜及三年。

夜過新嶺隸人遺燒

夜嶺看遺燒，分行乍布棋。漸因衰草合，争受晚風吹。却月峰痕似，熏天樹影疑。何如搔首處，殘照落霞時。

聞説光明頂，疑從此地升。兩崖分寳炬，連嶂引金繩。飛盡成千劫，傳來只一燈。年年自明滅，慣見有山僧。

太平縣

拂雨穿雲磴道行，隔林山郭未分明。峰擎一塔高侵漢，沙擁雙流緩向城。歲暮風霜歸客鬢，日中村店市人聲。千家繞縣安生聚，長吏無勞問甲兵。

鐵甲嶺

黛色參差亂靄間，嶺頭無處不雄關。全開峭壁路千轉，三上危橋溪一灣。秦塞已能通紫氣，蜀山休説老朱顔。懸知日暮行人絶，飛鳥猶應自往還。

石埭道中

含姿勸布嶺，設色更施巒。奇石驚魂得，迴湍定魄看。紅銷氈雨重，青老巘風寒。獨有登臨興，長征世法寬。

過青陽縣即夜行

原田每每望中新，鷄犬天都恍隔秦。草樹總非危壑畔，雲山俱向大江濱。荒烟野漲時迴騎，亂雪孤燈夜照人。我僕告痡行未止，曙光早已徹高旻。

秋浦

長江紀神皋，九子分靈液。雄城列廣陂，緬如故鄉宅。宛虹南北垂，島嶼相絡繹。我來隆冬時，水落不盈尺。魚鳥失浮沉，負擔通行客。天風廣莫號，積雪滿蒼壁。想像秋月輝，古人曾挂席。遺篇托空山，讀罷縈深惜。

九華山

去時促馬衝夜寒，茫茫無處看烟巒。今日褰帷望晴雪，山光猶是半明滅。車前忽漫白雲動，天半芙蓉一行列。靈葩駭目難舉名，鏤青疊玉摇蓬瀛。須臾浮雲蔽城闕，恍如海市酬精誠。却笑黄山贈吟屐，陶潛閉門堅謝客。青陽城頭亦有此，何必長途嘆行役。

玩鞭亭

無復七寶鞭，迢迢留廣阪。五騎自傅玩，鮮卑去已遠。

仁風亭

謝公當日重憐才，祖道傾城箑影開。寒月空亭獨搔首，微風習習爲誰來？

望鍾山

佳氣東來鬱蜿蜒，鼎湖弓劍自依然。遥從緑樹分金殿，遂有青絲裊玉鞭。踞虎至今成絶險，從龍俱得賜重泉。歲時風土還如舊，六代繁華已往年。

姑孰城

馬渡懷遺烈，龍蟠屬上游。山川雄右輔，樓堞冠南州。旅雁翻霜急，寒鳧伴渚愁。停車欲有待，躑躅此三騶。

采石鎮

磯樹蒼蒼色，長江瀉日晡。波濤挾三楚，形勢扼全吴。上國人烟集，通津估客趨。即今牛渚咏，得似謝公無。

丹陽

官道如弦衰柳齊，宵分荒堞一行低。迢迢野色迷行旅，夜夜鷄聲信馬蹄。回首千山都掩黛，凝眸片水正浮堤。燈昏月黑空壕暗，無復丹樓入品題。

霜

烟繞平林慘淡姿，暮寒風緊欲霜時。斜飄歌榭人初散，暗着征衣客不知。映日盡教鴛瓦艷，兼冰却共玉壺宜。宦游最怕逢摇落，點入蕭蕭作鬢絲。

毘陵得風

年來只識青山色，破浪乘舟無可得。颯颯北風鬢髮飄，絶勝疲馬臨岩側。

姑蘇早發

吴閶西去片帆輕，野樹依依水國平。一夜櫓聲明月裏，不知枕上過菰城。

送玉井陸太尊衡文江石〔一〕

何必登樓減帶圍，繞城溪水尚清輝。司文鑒早懸黄海，執法星今耀紫微。夜筆西江花正發，春棠南國葉初肥。獨憐負弩臨歧别，回首高高雁北飛。

送暘谷李寅翁入計

蒼蒼嶺樹隔花封，接舄時依向闕踪。宵壁有鄰能借燭，秋江無客不登龍。彈琴揮手辭三輔，珥筆揚蛾入九重。漫道并州天外見，知君還憶剪刀峰。

〔一〕「石」疑當爲「右」。

賀梬厓王寅翁榮最

雙舄翩翩傍海陽，相逢結綬不嫌黄。十年夢筆文無害，終歲調弦勇有方。名士封侯惟羨葛，大夫待詔勝游梁。野棠况是成陰日，驗取春雲五鳳章。

賀約生熊寅翁榮最

符分俱是萬山中，千騎東方半壁雄。縣外蒼崖含古照，庭前緑樹借仁風。漢家高第誰能并，晋國餘波我亦同。從此相如深視草，龍章錫類自無窮。

練溪送任宇許年兄計偕

駿馬迢迢驟帝臺，如何方識子雲才。行踪爾我憐相值，詞賦誰人不見推？黄岳奇情兼醉别，彤庭爽氣帶朝來。螭頭片玉高期許，莫漫懷因撫字開。

舟中

暫將塵牘卷，稍喜一舟閑。宦興逢迎裏，生涯拜啓間。浮溪皆亂石，鎖郡盡秋山。辛苦工爲邑，蕭蕭鬢自班。

初過新嶺

岧嶢天險最稱賒，日暮雙旌度嶺斜。高纜引車穿野竹，低銜扶馬出岩花。雲來盡撲行人面，雨至俱停貰酒家。珍重前途應似此，王陽何必漫生嗟。

壽王年伯時澹倩糧尊署篆寧國

矍鑠雙迎養，豳風酒乍醺。携將黄海石，邀取敬亭雲。鳳誥春暉動，萊衣秋葉分。三公憑令子，星滿佩刀文。

嶺泉

鳥道千尋此暫開，隨車流水信橋回。春冰簇簇敲溪雪，空雨濛濛走壑雷。草細花明紛作藉，山傾石怒遞相催。停驂捲幔青林午，絶勝香爐頂上來。

送澺水宋年翁榮調歷下

夙昔神明海岱聞，今來江左播餘芬。忽驚飛鏑無城郭，却憶調弦有使君。布澤宛同清濟水，崇朝重起泰山雲。兒童竹馬歡何似？早晚長楊待薦文。

白兔

雙兔誰將出翠微，雄雌撲朔勢如飛。火齊艷剖宮槐目，雪質寒侵月樹衣。東郭似忘秋已老，平原猶憶草初肥。莫言毛氏全披褐，亦有人間白璧輝。

讀《萬孝子傳》

炎雲擁日赤如茜，解帶脱幘勞紈扇。山雨忽來風霆悲，當軒讀罷《孝子傳》。孝子家世出西江，詩書只解哦明窗。鼓聲動地春宵短，揭竿驟至摇華釭。賊來直索司理署，司理卧疴不知處。乍驚年少廳事前，野鶴鷄群同奮翥。白刃脅之山不移，毁巢覆卵方舍去。吁嗟人生無百年，死時着眼莫茫然。長沙賦鵩亦徒爾，緋衣駕虬仍浪傳。司理揮涕向余説，使我魂銷復心折。景升豚犬滿世間，似此佳兒堪叫絶。酹地猶疑磷色熒，贈言尚見霓光掣。延陵季子不須愁，忠孝君家一夕收。何必仲謀與亞次，始稱有子紹箕裘。

舟行至街口

比屋沿流聳，雄關扼巘臨。人聲連浪雜，草色帶江深。潭聚魚龍影，村邀鳥雀音。細湍能嚙石，絶壁亦施林。岸斷波分浦，雲飛水度陰。回看蒼樹合，前指白沙侵。亂島通帆曲，低舂截渡沉。周迴封郡氣，清澈見臣心。商旅俱求楫，溪山盡入琴。兒堪馴數雉，灘欲下雙禽。碣外州爲睦，壕邊泒出任。客舟恒十日，苦瓠直千金。喜雨繇來舊，占風匪自今。因之觀事理，聊得豁塵襟。

序

叙《詩傳》

海内之治詩者，未有不儀淮南李氏者也。李氏自文定公、大宗伯公而後，首推小有氏。小有氏以妙齡建幟詞壇，聞其仲、季兩先生皆淑焉。亡何，季先成進士，仲繼之。季稱西籓，仲李西江，秩滿内召。吾郡映碧公祖其子行也，同祖維曼年兄與余皆及寄翁師之門。而小有氏以雍首士入闈，幾雋矣，緣《易》《書》者遺失過多，畏功令而止。昔人目伏波海内，何足爲小有氏詫乎？今春投余以《詩傳》，繩繩者又若而人，仙李根柯，盤密繁布。誠如君家供奉所云：「苟知有河源，寧不涵之泳之，快然於其中者？」竊惟人之情蓋不同矣。或師説守其童稚，友澤畫其方隅，則情拘；舍古箋而效時帖，耽褻製而昧雅裁，則情俗；好奇志异聞之言，而不取道於典册，則情癖；矜崛起特立之標，而不稟法於弓冶，則情孤。古者置人於天風海水之間，栗悸而移之，猶非情之善也。目之所接，耳之所聆，口之所宣，無非是者，其情本善。譬如烏衣巷中風氣奕奕，况復標舉异常，時望咸屬，公輔之器，觸目琳琅。在漢韋氏傳詩，若其學業俱盛，聲實并隆，今日淮南允矣獨雄者與？憶往者小有氏過西湖，與社中兄弟游處。余性偃伏，時從几上神契而已，未嘗一聽鼎説，少文、世臣、映碧諸先生益瞻近無緣。惟戊辰之役，維曼年兄聯舟相識，便爾意氣互憐，别去忽忽者累日。至甲戌始得附升杏樹之壇，把臂欣然，曾有「天街半是故人來」之句，意謂生平暢事。今余僻在歙，得見小有氏。小有氏非客，可以不謝，數語述彼此夢寐大意，而行色浮於眉宇，惟欲《詩傳》前作叙，以志此游。余披覽竟日，捉筆鳴盛，且以徵小有氏如瑶天隻鶴，望而難攀，庶幾黄山松石稍可留其履痕數日也。

叙許任宇稿

余與任宇同舉於南，十餘年未識其面。面於燕市陸夢鶴坐，見其神清骨峻，氣沈韵遠，瞳子鬱藍，揖而疑之。夢鶴曰：「識不？此貴同譜許任宇者也。」爲相得甚歡。任宇出其闡義，高華軒敞，千人自廢。牘窮有詩，蓋燭餘賈勇，猶是應制體格。詎意未偶，受氈於歙。余方爲令，得朝夕焉。閲數月，手編相示。嗟乎！今日文章之事，譬如子房説人，人多不省。彼以其迂緩疏略者爲妙道，依附引援者爲聲氣，無嚙雪之志、三折之良，亦安知者也焉哉中横竪？迨至技成，僅堪自娱而已。雖然，望氣之術要有神遇，使真有龍成五采，人人可以物色之矣。惟卒然魂驚，徐徐耐咏。攻苦自鐵磁之引，而時命有針芥之遭。名滿天下，亦只是尋常數行墨瀋，以爲將然未必之業耳。往先達語我曰：「儒者以文字爲白業。業輕蚤發，業重遲收。生應作若干首，稍缺一，即脱去爲宰官，八識田中種出枝葉，來生又將爲咿唔之行。」頗與任宇之言合。任宇言了義是無上義。或曰稱酸者何？夫酸，木之正味也。木主發生，酸主收斂。近日寬泛習深，功令貴矜慎其言。如果實多酸，聚干霄拔地之氣，而始能茁然鬱葱。勿謂任宇此言徒憒憒是氈也。

序冠清樓初刻

弇園白雪樓而後，其京山乎？京山往而緒斷學棼，鄭雅紫朱，雜陳莫辨。復有超拔之見排衆而出，一時翕然宗之，兹泛濫矣。汪子故伯玉司馬家麟姓，湛厥原本，淹通贍澤，亦猶神明之後。聞見稱述，舉止位置，求諸先代，矩矱匪難，非若申謝穰陶，費幾許締造心力。嘗讀其《冠清樓稿》，製取乎賅備，上自漢魏，下迨六朝，俱露其一班，而能首末合則，無詭入誤出之疵。致篇列數格，句陳多體，升堂入室之業，與無心而合、無心而離者敻异焉。昔司馬周旋王李間狎盟，久係來學之望。憶兒時游烏傷，讀縣廳事傍立碣，知司馬起家邑令。烏傷之人，至今嗜古。雖駱丞遺烈，亦司馬化陶力也。余宰歙，歙爲司馬故里。誦其遺書，登其遺堂，想慕乎其人，得識汪子烏衣之概，奕奕遒上。習者之門，家學有足多者，豈一朝一夕，插葉剪英取辦俄頃者乎！齊、秦、宋、楚無令裔，而晋世執牛耳。弘司馬之大業，余端有望於汪生。

弁洪方舟文

試昉溪童子者四，冠軍皆人士所推也，今得洪子。洪子讀書揣練，非徒倚資拈筆，一着此衿，便抒夙抱者，志遠而氣沉，甚可商扶摇之事。今夫杯水芥舟，微飈遭之，亦能興瀾於坳堂之上，自以爲汹涌之道止此矣。及進而觀拍岸浮山，經夷絡華，日月出其中，星河若覆者，漆園所以致誚於夏蟲也。雖然，匪特積水，蓋貴操舟。長年之妙，在熟風水之性。蛟宫蜃宅，人以爲險，視之若夷，且因而利之，所謂「捩舵開頭捷有神」也。僅云積水，其不汩没者幾舟乎？劍器鬥蛇，書法也。洪子勖哉！吾有所試者，不必有所譽，洪子無俟譽焉耳。

序歙社文

令筮得黄山，雖疲，竊自慰曰：「或可以暫縱雙屐。」至則黛色城頭而已，猶幸問政一山，抱治如几。縣廳事、黌宫相比其半，上多虬松老樹，俯而相瞰。每鳥啼吏散，過泮林，招諸文學課之。秉鐸爲任宇許年兄，雅以文章自命，已而太守陸公、司李趙公時狎主焉。士莫不鼓厲致新，日异而月不同者。匝一月有奇，成帙，任宇强令序之。令惟制舉，家無他奇術，筆研碗几之間，時有人拈弄哦咏，眠食啓坐，既離雙遣，綿綿若存，然後能兼愁破冗，倚懶挾醒而爲，靡不工，非章句於數日之前，而猝辦於一刻也。先輩考業，考其未愜意處。蓋理明情得，心諧手和，或數易稿而成，雖佳，不足恃。恐遇雜沓唱唤、檜低燭短未能類，即暫類未能恒類，既恒類未能前茅、中權、後勁停匀也。惟未愜意者，即不大好，殊不見可憐可恨可笑可置之情，則青錢矣。夫意已未愜，然且可聽野苹，升南宫，不易得也。矧其快然者乎？故業欲專，候欲密，非勤課不可。課勤則歸而議諸，議諸則時有人乎？筆研碗几之間，而令得時玩其解籜參天之致，即未能卧游黄山，亦無負問政之嵐光烟靄矣。

題黄山詩前

治有黄山，愧未能策杖其中。任宇年兄游已，以詩見示，述所見山非山，海非海，松非松，别有天地一種。以方人間，大如望岳名澤，小如幽岩奇壑，舉足舒眸，都自迥絶，疑於鬼工仙戲。夫令長黄山三年矣，足不逾墀阼之格，目不越簿書之文，猾役之眉鬚，窮囚之髮股，寧得危磴捫蘿，飛藤罥袂，駭心洞識，飽天風而洗塵聽也？任宇既得訪軒轅，登光明絶頂而還。還而志以詩，破體格以標韵，變聲調以盡奇，倘亦非此，不足盡非山、非海、非松之概耶。亦禪亦仙，任宇又進一頭地矣。

序寶研齋稿

畢生蚤負振振之譽，讀書淹雅，爲詩歌特有家學。將南徙天池，持業問余。讀之叜叜濯濯，脉清而不寒。如伏地濟流，穿濁而能出，放乎巨野，望之遥深，思工而不濫。如昭容倚樓，選韵無嫌割愛，非夜珠不珍也。故下筆明净，詮理會指脱陳，詮時帖靈巧獨闢。復腴之以古，潤之以今，未易材也。爲人爽敏，情至弘王謝門風，不落巷内習氣。瞭世事指掌，時需才亟如畢生者，誠足惟君子。使徒目以才人韵士，是豈椎琴本意，亦未可與讀其文者矣。

叙黄子文

學有不同，本性有不同也。本性曠然處，自具鑿山通道之識，解會古編，俱非師言疏字所及，耽玩因之互觸。然學士家或未能，且以爲不足貴也，輒曰：「制舉鵠在不近不遠間，安事冥搜諸超拔？」而世亦有好之者，好而工，磁針相引，一人不渝於風雨，一人忽得之披吟。子曰「有朋自遠方來」，蓋謂是與？黄子，余最後所薦。得其牘，本性耿然，浮楮以弁童子。歙士不余非也，黄子過而問業。余慮情之力或足以奪性，使學棼而不專，請即其業而貞之，行住坐卧，綿綿不脱，未有不决風雲而縣日月者。夫希世之珍，何須碧眼始能辨？力田即是逢年，余盱之。

叙胡子文

予初至練水，練水之薦紳先生即稱有胡生博文云。胡生淹貫六經、諸子百家，言時讀禮，未與童子試，可緣此爲陽鱎顧匿不見也。予慚無言游之識，尚意未必如薦紳先生所許可；即然，或士之失職，而蹉跎壯歲者耳。去秋接胡生，故翩翩年少也。奏技於屨蹟之餘，意殊邅迴抑鬱，蓋所挾持甚大，而傲然不屑。如周秦法物，頗違漢儀，未衿也。予勞以逢年，胡生欣然，曰：「易耳！兹試之取諸寄。」嗟乎！天下事一衿也。術既習且巧，朱芾方來，於胡生雅概無少增。第其以五經藝受知，似有針芥。璧馬信神物，其可忘和樂哉！顧予之重胡生，匪以其多識，以其淵如欲如，有不可澄淆之量。因知囊薦紳先生之言，信而有徵。

叙汪子文

汪生炳玄，昉溪力學之十。余鑒之者再，愧未能引之青雲，常有以慰之矣。咏嗣音，韵周行，非駐足地也。余十年嗣音，十年周行，蹶浙者四，入南者一，上公車者四。景味良苦，蓋緣童子試時日少耳。人生乘除，不爽毫髮。汪生舉博士弟子孝廉。拂抑之境，胥向求思樂中，閱歷已過，會有一鳴而去之事。斯豈思樂里兒可望者哉！因其梓藝，書以予之。

叙江子文

士本才華之具，古者寄慕頗在。宣吐詔令，叙置麗則，雖其爲人謬疏忿疾，猶或亮其曠闊。是以索集則獨步遥代，功業所就。簡質之資，易直之材，翻有讓焉。夫國家四郊少壘，辭藻飛奮其際，潤鴻業於優游之月。瞰名躁進者，可獵而致之。今且嘯澤未停，膾肝之跖往往而是，殊异蜚聲坐咏之習。安所須工虚飾僞、奔競要譽諸客？壯哉江生，信其落落之概，使人千日不見，倍有可思；日日面談，不逢易盡，製品寧有量耶？偶以近藝索弁於余，余都不言文，何也？花夢五色，君家世有。大江以左，夫既已知之矣。請識者察其爲人。

序吴于民《射義》

兵家者流，出於儒，故射位六藝第三。尼父之徒，通射者七十人，矍圃非人人盡司馬也。仁者如射，射似君子，君子日月至焉，綦難矣哉！厥後吴起之學，猶曾子嫡傳，古詩曾孫四鍭如樹，自天子至於庶人，靡不習之。今上以射試士，功令與小學、《孝經》等。青青子衿，張我弓，發我矢，楚楚可觀。吴子爲《射義》，考據合古準令，無師心之智，無逞臆之説，又能游戲奇文小章，以發泄其淹貫之氣，類諸典故以殿之。甚矣，吴子之記而不醜也。或曰：麻姑擲米，方平哂之，謂是少年狡獪事。蓋不然，天下文事盛則武備弛，識者慮之，而不能即挽之，使亦如制舉家粉本，何慮業之匆精。矧博而澤，雋而通。譬讀《離騷》者，深之得其纏綿忠愛之致，淺之拾香草、懷美人，亦迴出章句之表。今博士疏主皮禮，文爲尚德，不知故是尚力。尚力於尚德，周制盡善。吴子羽翼聖謨，功斯大矣，詎僅矍圃廣義哉！

序吴子文

夫文態日陳，平原有朝華之謝；才名世貴，子建興南虎之推。因知振藻則古籍摧顔，飛鮮則巨公柔項。矧懸金而易一字，見面乘羊；閉户而工十年，問齡拜衮。吴子文起者，髮燥成章，帷垂得譽。巷中舉止，皆稱奕奕之儀；洛下語言，獨擅超超之箸。每澄慮於岩館，時感致於湍臺。選意雕言，考文敷牘。雍容都雅，有巍冠長佩之風；沈博充腴，無圓鞠輕衫之習。用能闡其家學，蔚爲國華。雅贍本乎淹通，恢奇出之輕敏。昔北海小了，壯雜篇諧；文通早葩，晚慚才盡。陳王所以致嘆於德祖，郭璞所以别授於丘遲。若夫格取郊廟，金石中其宮商；采發川岩，球琳飾其篚篋。斯乃桂林之喬幹，滄海之神鱗者矣。然則季子揣摩，自知可以説世；長卿諷諫，人皆可以凌雲。本自年忘，何關禰刺；繇來賦重，奚俟晏言。

序朱輯五行稿

文章，樂事也。方其哦窗揣几時，先有津津妙悟。不題而欣，古册時文對之，皆我橐中物耳。一拈題，意境奔赴，隨所操縱，平日講習，今乃不虚也。已稿就咀唔，信可脱以示人。繕寫成則友朋贊美，主司譽賞。迨已平念自觀，果絶超异，喜可知也。非然者，攻業喀喀不入，遇題攢眉嚙指，竟思不暘，屬草而懶謄，謄而惡其不愜，觀者齟齬未厭，衡文者不能深諒。篋底忽得，殊無遠致，遁世能無悶乎？吾輯五氏，拔俗自好，久聲藝林，今始得雋鏤。業公海内問言於余，余爲拈所見以質輯五氏，苦行人當不以此言爲誣也。

序施大千印譜

司馬長卿以詞賦著名，不好奇字。後子雲準子虚學，蓋出於長卿。顧獨《太玄》，字製頗不恒，豈侯芭所學者《玄攡》、《玄攡》所學者《凡將》耶？是知上自屈宋，下逮謝顔，必窺倉史之源，能諧情安韵。長卿之諫諷宣告，自晦於鼓琴一事，其探雨粟哭鬼之藴，又自晦於著書。正如慕藺生爲人，生平無一似藺生者，故能退然金馬，非若嚴、朱、吾丘强與人主家國，東方生與郭倡競口辨也。子雲未免寂寞爲累，此徒以奇字顯，爲不善讀《凡將》者矣。大千氏詩歌，一代之匠，同塵不波。爲人大指類長卿，偶以摹印示其學，洞澈元始，耻爲事不師古、英雄欺人之習，自能意外巧妙，絶倫多奇。然大千氏實不盡於此，亦猶《長卿集》中不載《凡將》篇，《凡將》故不可傳，抑亦長卿之一斑也。

壽張翁序

天啓癸亥，讀書郭北之馬塍，張生瓆、英兄弟從余游，因得識其尊人及孟，皆長者也。越今年，作令新安，翁維梓在焉。瓆自武林走歙，曰：「小子家嚴，擇術馬沙，兹七月爲初度，敢丐師言爲壽。」時赤日流鏐，牽艇於陽焰之上，欲得塵吏，嗚通家之好。余嘉其志，輒爲之辭曰：

蓋常聞黄山之松矣，生於危苦幽絶之崖，南北躔而不見烈曦，淫霖深而不存宿濕，根虬起蛇行於砂石之隙，而不親塗泥，幹曲葉短，壽千百歲。樵人睨而莫攀，飛猱挂而不折。霧雲露雨之施，沾葉以濡足。彼其末之滋，下逮乎本，固而不拔。又疏之以清颸，封之以密雪。視桃李之寄命於土，豐本而後强末，吐華成實，受於天者殊也。好事者移植於古陶之盎，丹漆之闌，亦必如其山中之性，勿就炎，勿亭潤，勿以土力之肥厚傷清堅。置之曠蕩之宇，林水翳然之處，有峰泉之幽韵，無枯禪野竪漠然相對，寵之以文墨，邇之以金石，則其遇隆而真全可久也。夫若昆季，亦翁之末也。

長公操奇贏什一，擁素封，次稚有聲。錢江聖湖之序貤封，可計日俟。翁樂持籌之聲，則有伯權子母，徵貴賤，繩之以義，未聞斂怨爲德也。翁欣文學之譽，仲季方哦窗揣編，清朝懸佇其風采，於以紫泥佐萊彩，倘所云以末豐本者耶？赫赫灼人，翁睫不交；滔滔趨下，翁足不履。脂膏匪膩，淡泊自喜而已。故繇山中而江上，一如其山中之性。子孫繩繩於冠冕，姻婭秩秩於膴華，豈與幽人之寒涼、村父之俚俗同其固陋者哉！雖然，百英争艷於上春，千芳挺茂於朱夏，方之蔑如，則所謂受於天者信獨殊也。傳美後凋，詩咏或承，厥旨深焉。以是侑卮，可乎？

重修紫陽書院題辭

黄海鬱奇，紫陽峙望，遂使歙婺頓成鄒魯，以故澤宫之後，廟貌踞焉。令兹土者，莫不審泉面巘，障其靈瀦，拔其秀嶂。即下吏碌碌，亦必搜遺闕，設守國之險，堤嚙岸之瀾，畚鍤勤於奔命矣。乃者，祥雨過多，圮我尸祝朱夫子之地，風晨霖夜，草鞠松深，無以妥古靈，昭雅典，令之咎也。或曰：「今四郊多壘，鑿築是求，師干是講，而姑葺格致之宇，祀誠正之儒，慮其反唇掉臂也。」令曰：「不然。嬰叟販鬻，必知尼泗。即識新安梓里髻髦，詎肯同衢亭之過，山寺之游，漠不動念者哉！」令履其處，不勝琴書冠服之思，願倡冀諸君子和之。

銘

箬嶺銘

巑岏北嶺，飛鳥攸闢。飈停雲墮，曦掩雪擲。仄磴露跗，幽篠披臆。綿綿擔夫，交交行客，問以何屆？險逾利射。躋巔下瞰，外疆兩岐，旌德左達，太平右垂，人烟夐絶，盜或伺之，旅人號咷，守土爲誰？我建雄關，扼其嶺首，出入有譏，夙夜是守。邑之先達，以大以久；麓之氓庶，爰衆爰有。蜀閣一當，鄭萑胥蹂，志亦有言，价人維蕃。王公設險，擊柝重門，慮始誠難，守終尤允。恃陋庸嗤，憑阻美疢，鐫珉崇立，敢告後尹。

牒

驅虎牒

年月日，歙縣知縣傅巖，敢昭告於本縣城隍之神曰：神與令幽明雖殊，其所以理歙則一也。蠹猾勿去，寇盜勿戢，無以子惠我百姓，繄令之咎。至若猛獸爲害，負阻山林，出無恒所，樵蘇戒而勿前，蓬藋不得保其犬豚之畜，士之誦讀於紫陽者，談且色變。令慚。募獵人驅之，未衰止也。竊以爲其神乎？惟神威爽遐，暨下民震恐。爪牙之獰惡，明未足敵者，幽或能殛之。矧在漁梁之西，去隍僅數百，武神所繇以崇號也。願神檄山靈，以褫其魄，雲旗攸指，谷風不生。今且藉麻以致虎渡焉，令幸甚，歙民幸甚，謹禱。

策問

策武生

問：流氛入我南界，震驚大江以東，新安於是始家謀自守。嵒崒嶺岈之區，數夫當關，長城萬里。説者曰：「寇如蝗飛冥冥，無問原隰。忽然而集，彼奚必嚮導於隘，墮我術中。蓋實有巾峰蓋林之勢，緣高塞深之力焉。」然則當弃而不務講，與易稱設險守國者何與？若以深溝高壘言，新安無塹，績水東來南去，包絡稍遠，非登城可俯瞰也。且缺其左，城製卑西北，衡宇鱗比積聚，爲城中所仰給，未可議清野也。將聽其陋與？强族大賈，俱散踞溪山之勝，狃於見聞，不知守望之助。諸呼雉探丸之徒，詣廬乞錢米，實懷要脅，犯不赦之律，而有不可勝誅之情。憂不在流氛，而即在土著。爾諸生首膺廣厲，其悉言之。

跋

跋熊約生寅翁恩綸帖

夫爲令之道日難，而不敢不黽勉者，君親策之也。勞不云疲，屈不云辱，剛不云折，柔不云靡，始得邀寵命，有列宿之稱。王許以爲臣，紫泥章服，奉以娛親，然後可以爲子，時人榮之。華陽君河潤於歙，其報政也。歙令嘆曰：「今豈易得哉？願學焉，未能也。」

贊

李長者像贊

垂丱而飆宫，文也。擁皋而踣盜，俠也。桐思鍾法，璞葬舉相，藝也。嵇養魏參，《老》詮《易》準，玄也。孝友篤信，生有通德之稱，儒也。堅忍精進，没有正念之就，禪也。嗚呼！其斯爲長者與！

箴

墨箴

封芳承汁，蝌蚪肇迹；篆隸代更，然松而易。厥山維黄，厥泉維湯。斸掃精簡，輕清則良。麃麃澤麋，言粥其角。文杵參差，鏐冶符合。暗如古鐵，昆吾所截。綉盡澀祛，珍并璆玦。采如生犀，雕琢匪施。色取天水，香昇腦臍。交彼三子，石公毛氏。天下文明，先生維楮。昭昭墨君，胡以歙聞。是型是薦，不識將軍。將軍之裔，鳳毛嗣遠。敢告執筆，莫以銅染。

檄

驅虎檄

蓋聞虞龍在畞，見逐司空；殷象入宮，受驅冢宰。凡以丘園都邑，人之所憑；洞壑箐茅，獸焉自托。咨爾猛虎，毛質殊斑，入鷄豚而不類；爪牙獰异，致樵采之遽驚。日落而谷樹摇，宵深而屋瓦動。意者令之不德，顧於民乎何尤？今與虎約：三日，率爾眷屬仍還故山，則弓矢不加，孑矛暫止。如或不然，南山之竹，傅以毒藥；丘中有麻，言綸爲罟。伺爾出没之逵，霍如委錦；窮爾搏噬之技，殷如染輪。慚無爲政之渡，必以力争；揣非食人之冠，不宜類應。

偈

大士偈

諸佛恒河沙，云何未愛仰，而獨此大士，能度一切衆。嬰老及婦女，問以觀世音，信心生恭敬，即以耳根度。譬如古名將，威神豈漢壽，無弗知漢壽，亦以聲塵故。世人從有識，親師保僕言，廟刹與劇戲，耳目生喜樂。惟願此瞻仰，事事咸微妙，如是歷多劫，此識終不滅。所以佛菩薩，未嘗遠方寸，妙應三十二，無畏得希有。前號觀世音，後如水印月，以至萬川圓，桂影只輪隻。衆多月天子，普照三千界，法身充滿處，光明作比喻。菩薩千手目，要亦同此義，我欲圖現身，備極諸妙相。丈夫拜好女，不能得説法，以斯弘願力，恐無有是處。此像具莊嚴，居士長者意，請向自心求，兩觀音齊現。

歙紀卷之五　紀政迹

修備贅言

國家設立鄉約、保甲，此乃聖祖寓兵於農妙用，已蒙都院刊刻成書流布，又蒙本府將武備一事貼切提醒，本縣可無復贅。但人情在於險塞之地，輒謂自來不受兵革。纔見官長説起練鄉勇，心中未必以爲然。不知歷考前志，頗有小寇竊發，旋就平復，亦非素不見干戈者，只是太平日久，百姓不覺耳。本縣莅任甚淺，以無事爲大福，豈故先爲不祥之言？總是安不忘危，即無流賊，亦當嚴保甲、練鄉勇，大則防意外之變，小則驅除流棍，防守盜賊。睹風不行，壯心齊奮，以新安禮義之邦，再加武勇整飭，豈不是天下第一好處！所以曾有綢繆牖户簿一本。然而民間之未遽以爲然者，其病有二：富家擁資雖饒，都從分厘積起。在外者苦挣，在家者勤儉。叫他吃着尚且惜費，焉肯將銀米養此無用之人，做此不急之務。處處戒嚴，猶延挨規避；聲息稍緩，反怨官長多事矣。不知千日備一日用，若到臨期，呼之即應，此方是一石、一磚、一草、一木真我家私也。至如貧家，碗盞桌凳皆是家私，若失一件，便不勾用。乃輒謂：我家有何物？賊來只尋富室耳。有等無藉棍徒，妖言惑衆。不知貧民若無富室，田没得種，屋没得住，貨没人買，工没人雇，本没人借。即如走空幫閑等輩，一發靠富室平安，可以不出遠方，足我衣食。故以富衛貧，以貧衛富，一出錢，一出力，甚爲兩便。且本縣亦不是叫富家養此一班游惰，反助他爲非之資也。審其忠誠，訓以禮義，獎其勤勞，結以恩信。第一器械要精，則人見之而喜，便思摩弄。第二教師要高，則人見之而服，便思傳授。不可遠尋古廟，以防群嬉聚謀。不可演武完上店平火，以防酗酒逞凶。或總廳，或近祠，或明堂天井，閉户可以挽空弓，斗室可以練脚步。又可慮者，人纔知武藝，便要輕慢老弱。切不可馳馬試劍時，見尊長不恭敬，此即是有勇知方之義。不然要此横行惡少年何用？愈爲地方之害矣！譬如同舟遇風，數十命合做一命，此時貧富、恩仇俱説不起，且并力照顧船隻爲上。故一人有事，十人、百人相幫；一家有事，十家、百家相幫。平時養成同心戮力、保護身家之念，臨事自然不慌忙，有節制。其私怨、世讎不在此例，何也？儘有閑工夫，且待船登彼岸，重理前情未晚也。今將聖諭六言，敬從院府之後，再敷演數語，毋視爲泛套。

一曰：修武備即是孝順父母。凡人順逆、壽夭，皆可諉之命數，惟父母如此説不得。傍人言語侵犯官事，名字牽連人子，心且不安，況可使他受驚受恐？況父母眼見承平，一旦聞説四方不寧，他不愁自己，重愁子孫遇此時節。今見子孫俱能習武，足保無虞，心亦少慰矣。又有一等父母早亡之人，便説我無牽挂。凡事有大數，嘗想徽俗重墳墓，樹枝草石纔動分毫，即稱挖骸無踪，到官涕泣，其孝如此。即今陵震驚，朝廷寢食不寧也，只是因此草寇無知。若能以武勇壯鄉村之聲勢，所全豈不甚大甚多？然則生者室廬依然，死者魂魄無恙，豈不是孝順父母？

一曰：修武備即是尊敬長上。徽俗重長上。一家則知有族長、門長，一鄉則知有先達，此古風也。然長上包得廣，自縣尉起，即至朝廷，總謂之長上。朝廷有練鄉勇之旨，院府有鄉約、講武之書，無非教子弟之精壯，以衛父兄之老弱。如今聖諭在上，木鐸幾聲，誰人不警醒；歌詩幾句，誰人不感動。依此尊敬念頭，互相勸習，互相保護，不要自看得小了，即是忠君愛國真事業。令如流水，官長都有光輝；人盡干城，親族俱添氣色，豈不是尊敬長上？

一曰：修武備即是和睦鄉里。此義出在《孟子》井里章守望相助。古時井田寓軍法，照田製辦車馬盾戟，農夫即是士子、兵士，三樣人總是一樣人。所以書生俱可爲將帥，無事執犁鋤，有事一戰而勝。蓋緣平日間閑空時，武藝留心，久久精通，人人和氣，所以不須別建營寨也。今人片語不合，一刻顔變，小則鬥毆，大則告狀不休，徽俗之尚氣如此。只是强户、弱民、大姓、單丁之見，牢不可破耳。倘同心習武，則如手足頭目，自然惡識不開，晚栅早閉，夜犬罷驚，小盜潛踪，大敵不懼，一鄉之情聯屬，豈不是和睦鄉里？

一曰：修武備即是教訓子孫。徽俗訓子，上則讀書，次則爲商賈，又次則耕種。然而打行、賭博、奸淫、教唆之風日熾。打行近盜，賭博近賊，奸淫近殺，教唆近刑，此惡業也。雖是本性愚昧，爲人引誘，總繇父母從嬰孩時失於教訓。如今新安武科甲頗多，朝廷又重技勇。即不指望他顯親揚名，日日督他演習槍棒，强似撞禍行凶，象棋雙陸，三五成群，不習好樣。爲父母者，倘怨恨其子孫入打行、賭博、奸淫、教唆邪道，不若勸之習武，豈不是教訓子孫？

一曰：修武備即是各安生理。士、農、工、商，道不相通，惟武事四民俱不相礙。今與百姓約：一鄉之中照保甲各出一後生，每清晨齊執器械，或於空地，或於大路傍立定，保甲長擊鼓三通，吶喊三聲，即各歸本業。日以爲常，則耳聞金鼓，目見旗槍，不以爲怪。行之既久，俱有精力，圖事速成，真生理一助也。只要勤謹爲主，捉空乘暇演習講論，初不教你遺却正務，豈不是各安生理。

一曰：修武備即是毋作非爲。今之非爲，除却十惡，如打行、賭博、奸騙、教唆而外，尚有拐略、乂鷄、剪綹種種不法。試想打行之人要有拳勇，若肯習上，造成有義禮豪杰漢子，固是如燈取火。賭博之人半屬貪痴，半屬嬉戲，使之亦從嬉戲入門，學至精熟。奸淫之人使之終日打熬氣力，彼自以精神爲重。教唆之人頗有小聰明，使之間諜策畫，千慮一得。拐略、乂剪等輩，聞風不敢入界矣。從此風俗敦厚，氣象威嚴，有奸相察，有過相糾，豈不是毋作非爲？

事迹

一、邑界江浙，溪嶺阻深，地方奸詭，勾引窩藏盜賊，每爲淵藪。嚴督巡緝，屢獲大盜貳拾陸起，胡怡老、吴貴老、六容、明理、曹大貴、吴祖老等柒拾名口，竊盜僧知水、性亮、許應啓、謝德生、程孟昆、徐别兒、曹能忠、張貴等捌拾叁名，前後招詳正法，萑苻以清。

一、法嚴。近始本縣皂快，向多朋充白役。遇有差遣，呼引朋詐，大爲民害。逐名查點，盡行汰革，止留正身，各給年貌、籍址、畫像、腰牌，以杜影冒。查有積蠹程子文、程大順、程卿、李德等，借管月名色，私用刑罰，把持詐索等弊，申詳究革，通國稱快。并查訪違玩皂隸程鳳、楊賓、張兆、葉欽、汪祥，快手楊龍、程文忠、劉龍、黄輝、汪貞、徐芳等，重則申送法究，輕則責革，以祛蠹害。

一、本縣錢糧原額伍萬有零，加增遼餉捌千陸佰餘，遵照頒發全書徵收。置立拾櫃，每櫃置壹字號。將通縣糧役貳佰柒拾捌人，每月貳拾人，分爲貳班，以司收守糧等。照依頒發法馬較準，聽花户自秤、自封投櫃，糧役止司登記，毋容高下。仍懸鑼櫃上，如有多索，聽納户鳴稟，以絶加耗。查有朱明、吴萬老、張闊等，私收加索，懲究示禁，積弊以除。

一、比較錢糧完欠之數，向皆任之户書，弊竇百出。今置立比較長單，每里壹紙，前開啚總，後列甲總，每甲下開列花户姓名、撒數。每卯納銀，即令自填本户名下，現年執單赴比，一目了然。其納銀收票，舊止鴛鴦合符，兩分難以稽查。今置叁連，一樣填寫，一給納户，一存户房，一繳衙。每逢比期，親自查對，前弊盡除。仍立賞格，有通啚伍限全完者，扁旌；柒限全完者，花紅給賞。排年伍限通甲全完者，賞亦如之。賞過早完里排程顯、黄樹德、洪瑜、張文炊等貳佰叁名，激勸樂輸。

一、新安山僻，民負險固，向不知兵。近因江北寇氛，遵奉明旨，實練鄉兵，將原報城鄉丁壯五百名復行比試，精選叁百名，令材官高如芳、黄文燦統率，武生孫焌、汪歷錫、程尚遇、許鳴、許伯、江光遠等教以陣法，每逢叁、陸、玖日操練。置辦花紅銀牌給賞，分别勸懲，以備扞禦。

一、縣境四塞，東南水陸路通浙省，有街口、王干兩巡司扼其要，嚴督弓兵巡緝查比，各有責成。西南通江右，東北達金陵、寧、太，恃休、績爲外蔽。惟正北箬嶺羊腸鳥道，姑熟、蕪關貨殖所來，向多嘯聚，剽劫行旅，且民極被其毒。前委巡哨官統操弓兵守之，因無栖息關隘，難以屯守。乃親詣相度，并西北烏泥嶺樵徑亦爲間道。乃集諸鄉紳士民會議，捐資叁佰金，倡工於嶺半各建關門，置繕石倉，修備火器。紳士翕然捐助，工用告成，以固鎖鑰。

一、承平日久，城守日弛。到任親履縣城相度，遇有頹圮，共修過伍拾貳丈。乃奉頒發守禦畫一條示，每門撥快手拾名，把守盤詰。凡入門者，各令持大石壹塊，置於門内，運積城上。置立綢繆户牖簿拾本，遍達衿士及有力之家，令各出丁壯，派認垜口，書名垜墻，有事上城守護。仍勘各門墻、窩鋪、燈竿、旗竿，修置以固扞蔽。

一、新安健訟，每有一事，冒籍更名，遍告各衙門，數年不已，以圖拖害。意在與民休息，其奉上批行查，係叠誣、冒害者，申請注銷，自理詞訟，俱令原告自拘，并不差役。有恃刁不服、告乞改差者，即於牌上用，不許坐乘轎馬。需索被害稟究木印，以杜追呼之擾。

一、審理詞訟，當堂面撰審詞。有情輕趕逐及自願和息者免供，隨出示令兩造，通知供書，無所指索。

一、徽俗輕生，尸親因以爲利，借命圖賴，甚至聚集搶擄，無干親族亦有倚此居奇興訟索詐者。重創坐誣，此風少息。至如真正人命，即時單輿親驗，在鄉者即令本家自殮，審實吊簡，并不輕委衙官，獄無枉縱。

一、徽尚風水，争競侵占，累訟不休。如洪包、方惟一等多案，結而復起，歷年未已，皆親詣勘訊，立爲剖决，兩造輸服，争端乃杜。

一、城鄉舊有惡棍，結爲打行，自立紅褌天王，棒槌、斧頭等會，妄稱天罡太保名色，串通白捕，捏情打詐，夥告夥証，最爲民害。訪有謝顯祖、楊尚孫、王應春、許榮芳、程俊之、黄婢妾、龔二、尹三、汪細、臘梨、汪社保、許龍壽、江細九、劉五十、許三惠、鄭立等，懲究枷示，惡類斂戢。

一、賭風日熾，亡賴惡棍串黨，置立藥骰籌馬局，誘人子弟傾蕩家産，甚有淪爲奸盜，而犯者比比。出示嚴禁，仍於鄉約、里保密行查訪，有黄甫、黄光表、饒細九、程繼鸞、汪瞎黑，枷責究懲。

一、地方惡少，每逢節令神誕，置立龍燈、龍舟等會，科斂民財，迎神賽會，搬演夜戲，男女混雜，賭盜奸鬥多繇此起。出示嚴禁，有犯者枷責示懲，閭閻寧息。

一、時值多事，禦侮修備爲要，捐資置造火箭貳箱，計壹伯杆，鳥嘴銃伍拾把，叄眼鏡貳拾具，火藥貳千斤，翼虎炮捌門，鉛彈壹百斤，單刀貳拾把，搪牌肆拾面，百子銃陸門，大小旗幟貳百壹拾柒面，存貯備用。

一、嚴行保甲。拾家爲甲，拾甲爲保，擇材能誠實者爲長甲，置牌架器械，遇盜鳴鑼，傳知救捕。平日逐户挨查賭博非爲，呈首究治。其無籍流棍、技術流娼、游食僧道，嚴行驅逐，地方寧謐。

一、鄉約宣講聖諭，稽察善惡，爲化民成俗首務。翻刻鄉約全書，附以修備贅言，遍給各鄉。於保甲鄉兵講武之法，兼行農隙，每月定期舉行，詢報善惡。舉有割肝孝子王之卿，節婦程氏、汪氏、吴氏、蔣氏、李氏陸名口，旌獎以廣風勸。

一、本縣儒學、聖殿及紫陽書院、朱子祠，日久頹壞，捐資一百兩爲倡，師生樂助，修葺完整，以崇祀典。

一、士風日靡，自季考外，每月立會課藝，悉心評隲。諸士向風。問業旅進，皆在賓館延接，禁毋庭謁，以杜干請。

一、口用蔬菜俱發現銀，用印袋封貯平買，并不虧損小民。

一、本縣地土磽瘠，蓄植樹藝，民力頗勤。間有水衝湮沒或遺弃荒蕪之地，聽民開墾。報有認遞、升科、程義等，准行在卷，照例成熟之日，入則徵糧。

一、致祭厲壇。見河堤一帶被水衝没成河柒拾餘丈，棺骸破露，漂流悲慘，往來不便，捐資雇夫掩埋，鳩工庀料修築，堤路完固，以裨途涉。

一、親詣監廠查理，目擊墻垣房屋年久傾頹，雨漏地濕，各犯栖息泥濘之中，設處修理完固。其囚糧前奉裁革，自行設處，按月給發。遇有疾病，即撥醫療。置監廠貳簿，旦晚清查，不致淹滯。嚴禁佐領寄收，不時親詣查點，以防禁卒凌虐疏虞之弊。

一、本縣養濟院孤老原有壹伯玖拾伍名口。到任後養過孤貧方進貴、周氏貴妻等□拾□名口，頂補口糧，按月給發。又收羅三、鮑氏等□拾□名口，候缺挨補。其四鄉存恤未盡貧民，奉文設冬生院捌所，容其栖息。查有孤貧小甲汪文賓、黄權需索常例，雇倩冒領口糧，及指稱借貸扣剋等弊，革除小甲，立榜禁約，孤貧得沾實惠。

一、縣境皆山，每遇雨暘愆期，田土立涸。原有良堨胡七、小滿等塘堨，以儲蓄泄，日久淤塞，行令堨首及時修理開浚，無失地利。仍禁豪右造碓，致妨灌溉，旱潦有備。

一、崇禎玖年伍陸月，天旱水涸，外販稀少，米價騰貴，民心惶急，發庫銀伍百兩，給牙鋪出境廣糴，於洪公祠、觀音閣、瞻淇館、漁梁公所減價發糶。每日親詣督查，仍遍達鄉紳，勸諭士民，盡發所藏，爲城以濟城、鄉以濟鄉之法。立粥廠、藥局，以濟貧病之無告者。多方步禱拯救，幸及秋成，地方安堵。

一、新安所產米穀，不足民食之半，向藉外來。每遇新陳未接，艱於糴買。米貴人惶，而挾借搶攘，爲害叵測。乃置立印簿，每里各給壹本，并刊刻勸諭告示壹張，令鄉約、里長遍告本里鄉紳士民，自報情願積貯米穀數目，或貯社倉，或貯本家，聽其自便，但取報數，官不盤驗，以省騷擾。遇夏月平價發糶，用濟匱乏。仍禁其借放，以杜侵没，地方賴之。

一、徽有黄山、白岳之勝，向多游屐，恐漸接壤，停留指冒，遍示歙家寺觀，及刊刻啓言，或有過客造謁者，即令持啓阻回，起行概不接見，請謁以杜。

一、奉文追比銅商黄浚明、徐章侵欠贓銀，皆着親族受産均納，無干者并不株連。照數追完銀叁千叁百貳拾叁兩叁錢捌分，轉文類解。

一、自崇禎柒年拾壹月貳拾叁日到任，至崇禎拾貳年伍月貳拾貳日止，連閏共伍拾伍個月，共積過穀柒千陸白伍拾玖石叁斗叁升三合叁勺，除照額積足外，仍多積叁佰貳拾陸石，遵奉春夏助餉，秋冬充入太倉外，糴穀備賑。

一、商販糧食，聚集漁梁壩爲市，土棍充牙儈，恃黨作奸，私置斛平，出入重輕，銀雜低贗，抑局賴措，越販擡價，糴糶均受其病。告發審明，將斛斗法馬較準，押字鑿刻，頒給出入通行，仍條列禁約柒條具申道府，刻石垂久，商民并悦。

歙紀卷之六　紀詳議

申報旱荒乙亥六月

看得歙地四面皆山，石田磽确，平時得歲，民食尚艱，况今兩月以來霪霖爲祟。震霆燁電，驚磵壑之狂奔；高谷深陵，悵米薪之騰貴。來牟偃穗於阡陌，荏菽湮莖於泥塗。兼以恐切震鄰，愁深懸磬。三農野哭，惟躑躅以呼天；萬姓隅悲，共哀惶而搶地。此蓋上天之不吊，實繇下屬之積愆。卑縣循省疚心，挽回無策，謹以煢黎之疾痛，虔請浩蕩之憲恩。得蒙電鑒轉詳，俯加寬恤，地方幸甚。

詳覆免糶乙亥六月

看得儲積原以濟民，當青黄不接之際，出陳易新，庾廩無虧，而民有大賚，誠屬兩便。卑縣奉文即已出示，定期發糶，廣宣上臺德意矣。第本地山田多種早穀，新者已次序就登，價值不甚騰貴。隨糶隨買，揆之時日，似已稍遲，或請上裁，今歲俯免發糶，俟來年春夏之交，出濟民食之乏，更爲便計。緣遵憲檄有「不妨明白聲説」之諭，卑職未敢擅便，合行申請憲酌詳示。

詳追銅價乙亥□□

看得黄浚明侵欠銅本，奉文原追本犯名下銀一千九百五十八兩二錢五分，兄黄堯文領銀四百兩。續奉户部江西司牌，開黄浚明將兄黄秋宇、叔祖黄願聖、姨夫程堯基等名姓呈部，行縣追解間，黄阿吴、黄願聖、程堯基子鎮遠各詞具告，本院批行卑縣審據。黄秋宇即黄家相，向爲太平府吏，久在供役，并未至京。黄顧聖籍七都三啚，浚明十七都二啚，相去九十餘里，并未一面。程堯基向住揚州，雖係聯襟，自浚明寓京，久不往還。研訊阿吴係明側室，家無同爨親丁。賫文伍繼屏又係屏奴冒名詐頂，沿村嚇詐等情，已經具招詳奪。其黄堯文銀四百兩，准泰安州關堯文納貯彼處聽解矣。惟浚明所逋，卑縣又令阿吴開報己産，據單開山田四號，皆係遠年久賣墳地。今奉恩詔，條開居奇聲詐，需擾無辜之累。聖明普照，業已洞徹幽遐，况部文亦以查明的實産業，設法追比，不得索累無干，極其諄切。今黄浚明所扳報皆非同爨家屬，又無的實産業。卑縣不敢違悖，懼干奉行不善之戾，欲爲轉請達部，事關欽件，不敢輕議，合無申請。

改戍減配乙亥三月

查看得汪文焕訪案擬戍，蓋以操兵工食二百四十兩、馬户工食八百一十兩，已支而開欠數銀無着落，故依監守律引例充軍，法無容議矣。及本犯因葉知縣入覲，發出庫簿，有借解之辯，控院稱冤。經署印軍廳查訊，不啻指掌列眉，而爲改配之請。今卑縣轉奉細查，五年分南京水兑折米原額四千五百兩七錢二分，獲有批迴，此完解之實數。然本項庫支底札止支三千五百兩七錢二分，則以前操兵、馬户二項工食共一千零五十兩借凑，其數明甚。緣此係上首庫吏程鵾役内經手，比訪究時，鵾實未到。又因葉知縣庫簿留廨，本犯無從質辯，此實情也。二項借解，借有歸着，則本犯似應釋自盜之戍，或以招内常例，贓三百兩科罪改配，總屬憲恩之浩蕩矣。

議覆裁減丙子三月

看得歙附近郭，事瑣民刁，官雖全設，縣丞、清軍、主簿、管糧、典史、巡捕各有專職，每遇員缺，或解糧公委，恒苦乏人，俱難裁減。若夫合屬三巡司，街口、王干各離城百里，界鄰兩浙，當水陸之衝，爲盜賊之藪。黄山重巒，複徑伏莽尤繁，防守孔艱，并無冗閑，俱應仍舊免裁，以充任使。

詳議鄉飲□□□□

看得鄉飲酒禮，賓主所以法天地，介衆所以象三光。古者朝服而謀，重其典也。大賓之位，名宿是延，無論已。惟介與衆，謀及士庶。近世風日敝，始緜夤緣以充，因而苛索爲局，其推擇去取之間，若網羅漁獵之數，窮鄉蔀屋，誠有不忍言者矣。是憲老之巨典，爲登壟之厲階。該學感時救弊，痛濫觴之已波；端本澄源，寧去羊而虚位。以若浼之心，爲議裁之請，良有見也。既經牒呈前來，相應轉請憲裁，垂示永久。

申報旱荒丙子六月

看得新安僻在萬山，地土峻隘，溪流傾瀉，無寬平停蓄以備旱澇。歙居附郭，生聚之繁，更倍他邑。每遇歲豐，所産不支叁月之食，况今新舊不接，鄰境年歉，伍月以來，商販稀少，米價騰涌，萬姓嗷嗷。更值時雨愆期，亢陽肆虐，田疇龜坼，禾菽焦枯。枵腹待哺，苦粒食之難求；赤地靡遺，絶收成之後望。號呼搶攘，勢誠危急。卑職隨發庫銀伍百兩，付經紀領往境外買米，運於洪公祠、漁梁公所、觀音閣、瞻淇館等處，減價糶賣。仍遍達紳士，示諭鄉村，各啓蓋藏，出資廣糴。又蒙發倉平糶，卑縣繼發縣庫以濟市販之不足；立粥廠、藥局，以濟極貧無告之煢黎。尤慮無賴不逞之徒釀成意外，單輿親履各鄉，撫慰安定。凡奉上臺指授，而爲拯救之圖，殫竭心力，毋敢少懈。竊意人事少盡，天意可回。停徵息訟，日隨本府步行虔禱群望，至今甘澍尚未沾足，閭閻愈切憂惶。故啼饑乞賑之衆，百什成群；告荒禁亂之詞，肩踵相接。至如二十四都岸塘，地方山裂，出土如麪，遠近饑民争奔掘取充食，致有土崩壓死者及食而腸胃不宜多致抱病者。如此情形，更可慘痛。卑縣目擊心疚，不敢不代爲轉籲，以請浩蕩之恩。

詳發倉穀丙子七月

歙縣爲荒旱，窮黎告急，仰遵憲令出陳申明，量發倉穀以濟民命事。切照：卑縣山田磽瘠，地窄人稠，糧食仰給外來。今值青黄不接，雨澤愆期，運販稀少，米價騰貴，田禾枯槁，萬姓嗷嗷，啼號饑餓。告荒乞賑者動以百什，填衢塞路，情詞迫切，深可憫惻。已經卑縣發庫銀伍百兩，給付經紀，分往境外買米，運至洪公祠、漁梁壩、觀音閣、瞻淇館減價散糶；分設粥廠，賑食饑民。仍遍達鄉紳，勸諭士民，盡發蓋藏，出資廣糴，市價始平，人心稍定。但販運或有不繼，荒僻慮未盡沾。如二十四都山民，争取土食，壓死致病，則民間米珠之情可知。查得本縣預備倉貯穀雖止二千六百五十九石零，案照先奉上檄行令，出陳入新。今當天旱饑荒，萬分危急，非比常時。遵憲令以拯民生，誠屬兩便。但一聞發棠，通縣屬望，遠近一體，必使遍及，庶免向隅。通計本縣二百七十八里，令各里排，每里分領六石，令其碓米，惟賣零星升合，務使惠及小民。雖爲數不多，而窮檐蔀屋獲沾粒食，以延旦夕之命。得至秋成，即令該里原價糴穀還倉，官民兩便，總屬浩蕩之恩。

請折南糧丙子七月

查得本縣額解南京水兑米六千四百二十九石六斗，於崇禎三年奉文准解。折色西倉米一千三十二石，於崇禎四年題奉改折。蓋以徽地僻在萬山，非近水次，而買解本色，東則假道蘇杭，西則逾險寧太，遠糴於江廣等省，輸挽甚艱，委托匪易。自蒙允折，閭閻慶戴。明旨非遇災傷，不得題請改折。煌煌天語，念切民瘼。第卑縣入夏以來，雨澤愆期，旱魃爲虐，田禾枯槁，米價騰貴，黎庶驚惶。旄倪勿贍之室，聚衆啼饑；攘奪不逞之風，伺機蠢動。更有掘土爲食，致病致死，尤可憫惻。是以告荒乞賑，搶地呼天。雖經卑縣遵奉上臺指授，發倉出貲，廣糴勸糶，多方竭力拯救，民生幸延一息，荒旱實被十分。業經備述申詳，請恩寬恤。但連歲水旱頻仍，即使將來有收，一時創痍未復，力難轉輸。當此厄患异常，尤爲聖明之所軫念，伏乞俯憫灾傷非他郡邑所可比例，特賜轉聞，再容改折數年，使民力少蘇，仍解本色。庶賦額易完，地方永賴矣。

免解軍户 丙子九月

查看得漕運重務，旗軍冒避，法所必懲。今奉憲牌，提解仰汝、科亥等十五名，内惟江子波投稟，稱已自赴該衛投到，其餘或告本府，或投卑縣，苦稱皆非軍籍。卑縣逐名研審，如仰汝、科亥者爲仰柏、仰汝獬，楊狗者爲楊繼恩，各經本府審明，案墨昭然，皆係民籍無論矣。其閔元壽、閔選陽、閔去非等通族四十餘人，稱係十九都籍，歷唐宋至今，世居巖鎮，執有洪武年頒賜民繇。阮細毛者，據阮細老稱，祖阮演孫充雲南金齒衛軍，軍册符勘可據，而新安衛之阮細毛，自有阮廷玉充伍也。徐少石者，爲徐倫之父名，紹石同音而誤。徐大老同名甚多，一啚有三人，其一爲十一歲童子；徐耀先父之乳名，以孤寡而爲里排齮齕。徐用賓爲士華之故父，係十九都民，皆非軍户徐仁發之裔。而仁發則自有名文□者在伍也。程若虞者爲生員程堯章，稱家世東關四啚坊役，幾三百年，非程永遠户也。王之祥者，止有一王之祥，係十九都二啚民，其先亦非王社所出。若王二老則不知爲誰，索之芭蕉坦而烏有也。甯三、仰石者，爲生員甯一鳳，其祖關保當民差，關保之兄均保充武，自有甯正瓊在運，止因一鳳借軍籍入泮，故該衛得以呼及之，似非無因也。但十户中係民者九，尺籍具存，遵奉憲檄，如非殷實及册載的軍，不得株連，幽遐畢照。卑縣即欲急該衛奉公之念，然驅民入戍，以干朦徇之戾，有所不敢矣，似應申請免解。

免報門役丙子十二月

看得門役，歙例於城市報充。卑縣任將兩載，凡奉上司經臨，皆於本縣及各衙現役者撥應。即城市且未一問，何乃鄉也！據十五都胡永承等投呈，萬曆年間，巖鎮十一里連名控府，詳革立碑。爾時實未與名，以致呼擾。卑縣細訊何票，各相顧囁嚅，至再至三始呈，係崇禎四、五、六年事，此必有隱情，非鑿空也。前已禁約，兹奉憲批合給示，嚴杜村落之擾，永仁恩於無斁矣。

申報打行丁丑五月

看得徽俗喇棍打行，諸惡少立紅褌、棒槌、斧頭等會，聚集凶强，聞風打詐竊盜，凌虐武斷，城市鄉村皆受其害，故有太保、天罡之稱，其實同夥也。喜則刎頸濟凶，怒則戟手互鬥。屢奉憲牌查訪，即卑縣到任將三載，犯發於詞訟者不可勝紀。業輕[一]隨事創懲，重即詳究，次則枷責。今蒙憲牌，單開諸惡姓名：内劉五十先年曾懸惡人牌於門一案，打詐劉正一案，赫索、吕謙告，卑縣結卷未久。龔二向係鼠竊漏網，與黄婢妾即君錫等打行渠魁，各糾羽翼，遠則四鄉，近則漁梁壩、河西橋、關厢等處，打詐害人。其惡迹最著者，上年荒旱，劉五十、黄婢妾、尹三等打搶葛塘汪春台家錢米、銀簪一對；即於是日復打至山口程玄老家，口稱放火燒房，致其妻下跪，饋錢八千文。汪敬泉開酒肆，五十等打詐銀八兩，又騙銀一兩。因取討打入店，碎器折齒，凶焰可知。龔二向盗方德明布廿匹，吕臘梨得贓賣放。同惡黨汪細、臘梨、壽老、汪社保、許龍壽、汪細九（即江細九）、江五十（即江五）、許齊等打搶方五老，打折胡玄生左臂，又搶朱大元銀五兩，姚二玄錢五千，衆惡一夜賭輸。夥黨已經懲究，惟尹三、江五逃匿未獲。諸凶内如黄君錫、龔二、劉五十之犯似應重擬，以除首惡；汪細、臘梨、壽老、汪社保、許龍壽、汪細九、許齊似應以爲從量擬，仍請枷責，以儆其餘；尹三、江五照提另結；至如程俊之者，虎踞漁梁壩，私開牙行，硬騙

〔一〕「輕」疑當爲「經」。

船户朱萬福等船税不貲，霸占樂户王龍，并捲其衣物以賭博，霸奸汪黑之妻，雖其惡較五十等少差，然其糾黨盤結，打詐横行，俱爲地方之害。此又卑縣因嚴訊各犯而得者，合應與汪細、臘梨等一并申請。

米行勒石丁丑十一月

看得徽之民食，半藉外來，商販跋涉險阻，有風濤寇盜之虞，本圖覓錙銖之利，而鋪家賒領，價銀拖負，致使坐困。然鋪家誠僞，稔在牙行。今悉除其抑勒陰陽之積習，以專責成，復勉米商以鄉土待哺之情，毋令透越他鬻，射利擡價，以備荒政，酌盈濟虚。設爲禁約捌條，第事在更始，恐難畫一，必藉憲批，方能持久。合具申請詳示，勒石漁梁壩，永遠遵守，庶商民兩利，憲恩無斁矣。計開：

一、法馬之制，有廣平，有蘇平，輕重不同。自前任方知縣定法之後，謂之梁平，商民恪守無异。今有以輕馬兑出，重馬兑入，致商民均受其病。已經將各牙法馬較定，標押鑿記。出入通行，如非官定法馬，另行私置者，商民禀告申究。

一、拾斗爲一石，此定制也。漁粱米每袋拾貳斗爲壹個，此昔有欲省脚費、牙錢，埋奸作俑。夫米既多拾之貳，價不得不增，而争端遂起。今每袋以拾斗爲率。其斛斗近有内外削戳，私置兩樣，出入大小之弊，今照舊較準，經本縣標押，出入通行。如有仍前作奸及私置者，并以法懲。

一、糴糶銀色，向皆足色。如有插鉛灌銅低假者，律究。

一、量斛。各商公舉一斛手，報名在官，專聽客便。毋許本行斛夫强霸，輕重其手，致有盈詘。違者論以把持行市律。

一、埠頭上下脚夫及大小船户，每乘隙偷盜，以致虧折。今後盤驗短少，稟告追賠枷示，永不許近埠覓食。

一、雨暘愆期，歲或常有，乃奸牙串情，措擡高價，以致市值騰涌，惑亂人心，釀患害民，莫此爲甚，定以亂首繩之。

一、凡外郡并歛米商，糧食運至漁粱發賣，務要誠實。鋪家牙行不得通同販子掣去，經年取討無還，致商虧本，拍手難運。違者必治以罪。

一、米商多歛人，每遇春夏旱潦需米之時，自當各爲桑梓，况今憲臺准議立法，弊絶風清，各商無所藉口。再有中途鬻賣，不至漁梁，視鄉里之急而不救，并置之法。其金衢小米船，聽其裝載至梁，亦不許諸人中途邀買，以塞商路。

申報旱荒戊寅五月

看得新安四境皆山，溪深嶺峻，地無廣衍，水難停蓄。或遇天時不若，人力難施，旱則灌溉無方，潦則傾湍若洗，故一受灾沴，倍於他屬。且地宜早禾，每歲青秧盡插於小滿以後，芒種以前。今自春入夏，雨澤甚稀。一月已來，蘊隆尤甚，低疇龜坼，已布者盡爲枯莖，高阪塵冥未蒔者鞠爲茂草。雖經卑縣停徵息訟，親隨本府竭誠步禱，尚未大沛甘霖。西成絶望，閭閻躑躅以憂惶；東作無期，老弱扶携而奔控。目擊痌瘝之切，心窮拯救之圖。即不敢請蠲乞賑，虧課額以損公儲，然爲灾困窮民寬一分，受萬分之賜。合據實申報，懇乞轉聞。俯賜軫恤，煢孑更生，下屬戴恩無量矣。

請加馬匹 戊寅六月

查看得新安越在山陬，歙居附郭，北自新館、績溪達寧、太，以至南京；西路自茆田、休寧通江西之饒州，皆係陸行孔道。近復東南蹊王干司達浙之昌化，鹺政差使所必蹊。西北箬嶺爲安、池間道，每遇急檄，凡差使之往來青陽、石埭者，不走休寧而走太平。歙至太平一百四十里，至昌化一百二十里，崇山峻嶺，尤損馬力，真不啻四達之逵也。原額設馬六十匹，每匹每年草料人夫工食銀二十三兩八錢六分，共該銀一千四百三十一兩六錢，内奉文抽扣二百八十六兩三錢二分，實給銀一千一百四十五兩二錢八分，各户分領，向稱苦累，逃亡屢見。自本道移轄旌德，較昔頗繁。近因江北軍興，夙夜不遑，差使如織。以有限之額，供加溢之差，雇覓難應，借貸無償，以故合情呼籲，仰求寬恤。卑縣蒿目痌瘝，第抽扣關於兵餉，普天率土，孰無同仇急公之義？即欲比宣城、貴池之例，里排願自加貼水草，而騷擾通縣，義不敢出，萬不能强之，使同合無。請憲恩或加增十數匹，稍蘇其力。真寬一分，受一分之賜。然事關編派，恩出上裁，卑縣非敢擅專，合行申請。

請折南糧戊寅七月

看得歙居萬山之中，地皆磽窄，水無停蓄以備旱潦。每遇雨暘不若，易被災傷。且土宜早禾，立夏以後芒種以前，禾秧盡插。今歲雨澤愆期，土皆龜坼，苗已長者不能分種，至若豆菽雜糧枯槁荒蕪。幸蒙上臺德意，卑縣親隨本府謁誠步禱，得獲甘霖。然分秧後時，頗多未布之畝。即幸而列穟者，率皆株莖瘦疏，秋成難以取必，控告紛紛。卑縣遵奉，單輿遍勘。被災重者，西南爲甚，東北次之，總計通縣傷歉十之三。人心惶急，望恩軫恤，哀鳴不已。但時當匱詘，蠲恤有所難言。卑縣竊計，惟南糧現奉徵解本色，得蒙上恩軫念，議准改折一年，庶得留粒食以給饔飧，免轉輸以省脚費。民力稍蘇，公私兩便，下屬戴浩蕩於無斁矣。

申覆典税戊寅七月

覆看得卑縣典税一千四百四十二兩二錢五分，此報部充餉原額也。通計巖鎮一鄉三十六典，共派銀四百廿九兩一錢。後物力漸凋，消歇者如方白兔等一十九家，僅存一十七家，所缺解京餉額不足，不得已，均攤於現存各鋪，以足其數，是各典已加什二之累矣。近因江北軍興，奉文加三分之一，巖鎮計加若干，止就報部之額起增，未及問其典存歇也。今以方白兔等歇典共計之，内該八十二兩七錢五分五厘，茫無歸着。夫正餉業已報部，各典代納無辭，新餉係協濟安慶。卑職自受事以來，北税餘設處抽扣買馬，屢蒙檄，竭蹷勉應，不敢乞恩議减，玆出衆鋪合詞控籲，情實可憫。矧休寧諸典已蒙本府覆詳撫院豁免，故曹鳳等典紛紛衷懇，乞普同仁。卑縣奉批覆確，本項新增八十二兩七錢五分五厘，委解充皖餉，或蒙比例豁免，悉出上恩。第事關軍餉，緣奉批確查事理，卑縣未敢擅便云云。

優恤亡將家屬己卯二月

看得卑縣所置優恤程副將家屬田屋，其一十三畝零，原買於余姓取贖江氏之産，價一百二十兩，其契已經用印給與，緣置買於六月，田禾戊〔一〕熟，鄉例至次年方得收租。其屋一所，因傍程族祖居，價一百三十二兩，原買于姓，趙氏因年向不利，選擇今春二月十八日方始移進。查其租遺家資，通族皆稱無有。其程麟手本所開衣裝器械，業經丹徒縣驗明有册，奉批手本之後，已付其叔程開新於南京變價銀二百兩，存放典鋪生息，開新自具收約與其母子，聽憑支用。至如各上臺優恤祭助共銀五十八兩，又卑縣設處資助搬喪銀，經其胞弟程蛟與趙氏陸續爲購尸搬柩、祭葬、追薦并母子食用等費，通族共知。故合族紳士力代程麟辯，而趙氏又稱并未具稟，故指爲内戚匿名離間也。第今趙氏母子已入新宅，田禾秀實，轉盼收成，足食

〔一〕「戊」疑當爲「成」。

安居，戴恩高厚。若以匿稟之故追求蔓引，恐益孤寡之疾，似應姑免深究。况程麟心迹已明，各文契、印照俱給趙氏母子收領。族有衆口，官有案卷，傍覬無所施，荷恩不朽矣。

歙紀卷之七　紀崇闡

看得屢贈正議大夫、工部左侍郎畢：道足世師，德爲時重。學術宗紫陽之派，心得躬行；品格聳黄海之峰，仁經義緯。篤孝克彰於早歲，服勞益著於壯年。長號痛何恃之莪，百里走靡贍之粒。峽中水退，庾公遂廬墓初懷；陶上名成，范子著籌邦善策。紓在原之急難，姜被同温；效焚券之高風，薛償可貰。至若拒分宜之招而弗往，亮節何异閔騫；施東海之誼以解紛，雅情不殊魯仲。整嚴雍睦，本家訓於前芳；忠直深長，啓崧高於哲嗣。蔭茂王槐謝玉，亢宗開昌熾之祥；光孚周鼎虞圭，錫命極勛階之美。爰稽邑乘，孝友之紀展如；博詢輿情，君子之稱允矣。心悦誠服，古昔堪儕；積慶詒謀，今兹未艾。

看得已故原任浙江淳安縣知縣累贈南京光禄寺卿、鄉宦吴天洪：學貫三靈，品高千古。敦倫篤孝，法閔仲以禔躬；式轂傳經，儼荀陳而媲美。早掄魁於秋薦，騫騰路擊三千；初試宰於建陽，興革政齊十二。青溪再牧，美錦逾新。水灾礦患之直陳，潔已奉公之自矢。樂巴噀酒，榭亦長生；鄴豹通渠，陂能聚禄。是皆炳前知於利害，留不朽於高深。百里展其龐才，兩地歌其召蔭。前志之吴公第一，昭代之忠介可雙。乃若歸去灑辭，遂初作賦；繇來振乏，無長物之儲；老更疏財，寧厚施之倦。加以高風博識，系出乎延陵；守道懷忠，里居乎徽國。子姓若其訓，陋顔氏之在齊；甲第播其芳，軼韋公之佐漢。又如卜洛則萬國寧，葬龍則天子問。周情郭術，游藝旁通。漁梁築而效臻，龍井標而運改。至今登巍科，久厚蓄。祝融之焰以斂，嬰兒之癘以銷，猶令人歸厥功焉。兹固其居鄉、履任之大概也。況夫片語禦侮，千緡助歸，諸細行匪可殫述。故能五膺憲老之典，至德可師；互祠名宦之林，大業未墜。克著型模於末學，允宜俎豆於瞽宗。

看得王之卿：行能修暗，心可通幽。因父文鉞瞑眩未瘳，寒畯之資已竭；刀圭罔效，救療之計逾窮。信慕古踪前册之奇，甘試九死一生之術。禱神祠而泣卧，爲廟祝所竊窺。雷雨中宵，晦冥四壁。恍有光耀，洞見掖胸，剖脅五寸有餘，封肝一葉而仆。祝驚起以相呼，卿宛轉而無恙。爐灰盈握，取封創而魂蘇；焚楮如錢，用裹瘢而血止。猶能指點作羹，囑以持歸爲餌。匕箸入口，頓延衰老之年；父子俱生，默感神明之佑。蓋刎臟存亡呼吸，視尋常割股者尤難。故通國稱羨喧騰，凡士庶同聲而無間。再查卿本侗愚，非有《詩》《書》之素，乃能全鉞壽命，何异禮教之嫻！此皆聖明孝治遐孚，上臺德化旁洽。允宜亟請旌揚，以示風勸，世道彝倫，大有攸係矣。

看得已故生員吴道恒妻程氏：性摯靡他，學深從一。慎淑鍾於華胄，女則夙嫻惠柔。歸乃德門，壼儀式著。詎意弋鳧而嬰疾，代籲天高；及夫汎柏而成章，矢從地下。絶漿粒者三日，悲過啼血之魂；殉伉儷於九原，義并吞金之烈。從容待盡，節自皎而非奇；慷慨同歸，行彌貞而不苦。掩夜臺之聯璧，還雲漢之雙星。彰家範於玉堂，應昭懿烈；垂香名於彤管，允協褒揚。

覆看得已故生員吴道恒之妻程氏：烈節殉倫，貞操範俗。志同歸於長夜，完始念於終天。黨里曾無間言，紳佩咸多定論。遺芳史乘，寧須髻影飛蓬；含笑泉臺，無取泪痕在竹。絶粒者三日，襄事者四朝。雖揆之人理，似逾不火之期；而類有神功，俾畢蓋棺之事。蓋如賓如友之誼，克盡於生前；匪石匪席之衷，益昭於身後者矣。允宜旌表，以勵彝常。

看得已故童生汪知機妻蔣氏，爲蔣希澍之室女。笄年婉娩，揚梁案之芬；鸞影參差，絶共舟之粒。哀毁者逾七日，金石遂其堅貞；友樂者僅九年，乾坤爲之慘暗。洵高閨閫之範，可砥世風之波。輿論允孚，旌音伫及。

看得畢熙阜之妻李氏：烈殉所天，孝完其志。惟勤以宜家室，珩琚時效鷄鳴；竭力以事舅姑，菽水克虔烏哺。方協如賓之愛，堪卜下軍；詎遭見豎之憂，莫起夫子。祈假筭以身代，泪灑高旻；奈續命之計窮，矢從長夜。畢半生未竟之業，罄囊篋以舉三喪；堅同穴欲歸之心，絶漿粒者逾九日。從容就義，金石遂其堅貞；慷慨捐生，琬琰宜鐫芳烈。故當奄殉之日，吊奠成市者千人；乃致贊嘆之聲，老稚盈塗如一口。洵爲聖治憲風所感化，壼儀閨秀所最難。允協褒揚，以彰勸勵。

看得已故生員羅長庚之妻吴氏：貞淑有終，孝慈啓後。婉娩鍾於名族，女則夙嫺順惠。締以好逑，壼儀式著。良人見背，悲違偕老之期；血胤在懷，尚以未亡自謂。迨遺孤復殞，即百計以捐生；適姒子再生，冀一綫之可續。忍茹荼而咏柏，揮化碧於帷中；載嚙檗以和熊，斷流黄於機上。垂三十年如一日，幸六尺孤之有成；已惬願於所天，宜含笑而入地。若夫療高堂而股可割，兩世屢勤；當大事而力彌克，三喪畢舉。迨返瑶臺之逢使，適歌泮水之有兒。婦道母儀，完貞盡孝；咸孚輿論，允合旌褒。

覆看得累贈正議大夫、工部左侍郎畢：品峙千秋，志全百行。道本天民之先覺，遠篤孝悌以提躬；德爲世學之法程，秉清貞而範俗。娱愛日則萬鍾，弗顧烏哺惟虔；紓冰山則一壑，自甘鴻冥何慕。失恃抱蓼莪之痛，灑鵑血於長號；因心回荆樹之春，紓鴒原於當急。解紛排難，時摧梁客之鋒；焚券捐償，無俟馮生之市。衆善莫窮夫更僕，顯節更耀於後昆。居仁履坦，里標通德之閭；華國亢宗，祚啓象賢之美。錫玄圭而嘉底績，具見貽謀；膺紫誥以闡幽芳，推榮所自。邑乘紀生平之概，論久定而益光；輿情騰交頌之聲，詢博咨而愈著。允膺俎豆，用表型模。

看得已故鄉宦、原任北直提學御史汪：謇諤名臣，忠貞正學。掄魁甲第，龍無首而首歸；相祀寅清，夔一足而足典。慎僉名於委祭，獨立不阿；膺賜賚於褒嘉，成勞歷見。糾察聳神羊之法冕，讜言瑞鳴鳳於朝陽。封事則愷切和平，立朝則公忠正直。乘驄南粤，奏定藩治境之功；攬轡西秦，懋孽息清厘之績。衡鑒高提於畿輔，搜拔空群；馳驅不憚於風塵，寧甘盡瘁。此其服官大節，已彪炳於廟廊；若夫居里公評，更捐廪贍炙於月旦。孝徵菽水，友叶塤篪。藏修董子之帷，絶迹言游之室。分賜金，同粟，兼濟無憚博施；蘇力役，創崖堤，諸善未易更僕。隱顯力行無二，士民推戴以勵聲。斗山景仰，具昭先達之儀刑；俎豆賢人，合祀瞽宗之樂祖。允宜崇典，以勵來兹。

看得敕封徵仕郎、吏科給事中王：天授耆英，世師名德。品格峙千秋之峻，聳紫陽、黄海以標奇；道義爲百福之宗，并北斗、泰山而樹望。篤孝具徵於繼述，竭怡顔養志之歡；友于克協其連枝，著居瘠讓肥之美。迨覽德輝而張楚，遂同高蹈乎居陶。遼丸布諾，共欽國士之風；魯廪范舟，時恤故人之乏。傾慕信乎於千里，以得御元禮爲榮；格化感服於一時，咸自恐彦芳知者。積善厚滋培之蔭，益茂庭槐；承光開昌熾之祥，誕生國棟。玉堂青瑣，教忠奉於義方；花誥紫泥，寵命酬其貽穀。乃處高明而柔克，操修逾勵不衰；衍光裕以流芳，振起正期未艾。是以生當乞憲，久爲邦國之楷模；殁後遺芬，無間邇遐之頌述。允宜崇祀，以愜輿情。

看得故宦王：拔俗清標，久樹士林之楷；光邦偉幹，未弘廊廟之施。既積德而累仁，自詒孫而燕子。習習春風翔里閈，何殊伊洛之裁；峨峨喬岳入雲霄，善接紫陽之派。咏棣華於鄂韡，美則讓諸連枝；歌鳩翰於戾飛，穀則勉諸采菽。天下士排難爲貴，功成而名不居；群薛中望塵而迎，義市之言果驗。迨夫一經傳後，晋用楚材；今且三徙始安，閩封徽國。楊公之環，數世公輔合其占；竇氏之材，五榮科名濟其美。露章視草，服庭訓於勿諼；製錦烹鮮，欣繩武於來許。祝鯁祝饐之典，生前已膺；可儀可式之模，久則彌定。輿情允愜，祀族信昭。

看得原任巡撫保定、僉都御史、贈户部侍郎羅：天授英猷，斗崇偉望。才具經綸之略，志切澄清；品巍介特之操，行端模範。早試弦歌於花縣，仁聲頌勿翦之棠；載持綱紀於蘭臺，直節挺後凋之柏。拓簡而道豺屏迹，憲秉霜寒；揚旌而嵎虎空群，威行岳動。膺伯冏之命，奏蕃息於天閑；壯方叔之猶，協師貞於節府。任嚴鎖鑰，正殷三輔之具瞻；痛抱《蓼莪》，乃遂一丘之高卧。肅穆克彰其家範，清門之閑雀可羅；啓佑貽穀乎嗣賢，瑞世之仁麟振趾。方息機而養重，安危出處繫顯譽於生前；及乘化以令終，祭葬贈官荷隆恩於身後。洵矣熙時碩品，卓哉前輩典型。其長嗣乙丑進士、應天府武學教授羅：冰雪清修，珪璋粹品。博洽自其世授，學貫三靈；孝友本於性成，行兼百善。屏紛華而絶俗，獨標蘭玉之奇；善繼述以承光，爰振箕裘之武。迨南官既捷，效已愜於義方；惟子舍難違，任自甘於司教。筆花五色，鬱葱佳氣映鍾山；鑒炳千秋，虚朗清光揚璧水。迨賦玉樓於天上，祇留金蜕於人間。僉悲未竟夫厥施，因乞永彰其令譽。蓋科第濟美，固人世之尋常；而名德相承，爲士林所稱服。輿情久已論定，祀典允宜共崇。

看得已故前任知縣倪：品望斗崇岳峻，治功霞蔚雲蒸。忠誠籌國，剛方博大著遐思；康濟及民，果鋭英明爲世憲。其自祁而理歙也，徵收則積逋清核，發解則賠累蠲除。丹筆慎五辭之聽，共譽神明；蒲鞭弘一念之仁，咸稱慈父。盤錯理而戴星無倦，弊蠹絶而酌水自盟。文衡高月旦之評，取士盡箭金之美。其最著者莫如黄山一案，當逆焰之薰天，遂株連乎遍地。使車緹騎，沸鼎喧蜩，舉國驚竄若狂，萬民莫必其命。爲能不卑不亢，周旋上下之間；殫力殫思，定變咄嗟之頃。覆盂安堵，良善保全者億萬家；跽道焚香，感激仰頌者數十里。此分符爲宰之概，童叟皆能口碑者也。迨升華於臺憲，尤終惠於舊并。給主還泒，孰非浩蕩之波；改折特疏，難泯高深之戴。又若巡方江右，播持斧之聲；督學吴中，廣鳴喬之響。斯尤立朝出狩之芳猷，史乘别載者未易更僕也。蓋聞禦灾則祀，捍患則祀。昔鷹附左貂之日，烏焚其巢；屬猿窮奔木之時，室如懸磬。歙至今老稚相保，井里晏如，孰非令尹之力？矧復善美兼臻，顯晦如一者哉！所以感恩不朽，已尸祝於生前；懷德未衰，復俎豆於身後。允宜從祀之族，永著來哲之模。

看得已故太常寺卿吴：四朝名碩，百代宗工。正學躬行實踐，爲範世之楷模；弘猷隨用咸宜，真濟時之舟楫。才優剸劇，花封敷兩地陽春；節著司均，蘭省映一簾明月。典郡而治臻循卓，章貢流不竭之波；衡文而化懋菁莪，蜀晋啓在兹之運。分藩越嶠，宣德意以奠皇輿；維翰楚中，捐羡餘而寬民力。特晋太卿之秩，遂高恬尚之風。著書明道，允稱迹晦譽彰；砥行清修，洵是年高德邵。式廬乞憲，共騰推轂之章；紀績賜金，重荷拊髀之眷。衆方徯其作雨，胡奄忽以騎箕。乃於崇禎十一年十一月□日，整肅衣冠，端坐而逝。驚傳閭巷，詎勝梁木之悲；躃踊藐孤，因有典彝之請。惟照三品優恤，載在令甲。恩波固出上裁，但致仕在家病故，奉有申報核實之例，曷敢不行申禀。

看得已故山東按察司副使吴：千古高名，兩間正氣。忠孝大節，昭然日月争光；中外遺芳，洵矣乾坤不朽。早蜚聲於蕊榜，志在澄清；初試宰於花封，猷抒循卓。復流移而活饑饉，歸鴻澤有陽春；杜請謁以絶弊源，伏鼠社無窟穴。讞獄冤清於肺石，盟心操凛於寒冰。烏臺執法，忠昭指佞之誠；白簡騰章，威落逆璫之膽。乃竟罹其毒焰，甘弃林泉；復大皎於中天，還持綉斧。六察特嚴於稽核，恩流豐芑之波；八事具見於糾繩，心映傾葵之日。建牙而分臬，控制要津；肅紀以揚休，茂騰异績。川祇效順，狂瀾歸砥柱之功；旱魃潛形，甘澍回藴隆之稿。謡頌共傳於十美，益茂乃勛；眷倚方切於九遷，詎期盡瘁。至如夙念所生，以追明發；産讓同氣，以篤在原。淑配封股之刑于，象賢繩武而濟美。邑乘所紀，口碑共傳，實前輩之典型，後學之山斗。其曾孫，已故原任户部右侍郎贈尚書吴：宇宙完才，天人碩抱。操履凝冰藴玉，經猷揭日昂霄。含香持憲，明刑秋肅雲司；分虎褰帷，宣化春融澤國。興學啓文明之運，美媲文翁；梁涇免胥溺之虞，政超國産。築塘則河海晏然，均役則官民胥賴。磯浮玉而帆檣無恙，屹柱石於江防；樹干城而樓櫓如墉，固金湯於壁壘。异績已徵其張楚，大造復重以鎮西。復渝城，搗藺穴，高伏波之勛；平剗盗，殲禄酋，邁犁庭之績。陳臬風清於五桂，維藩福被於八閩。晋陟禄勛，輝揚卿月。特司邦計，載炳台符。九土布泉刀之利，乃盡瘁於經營；三事擬鼎鉉之登，悲慭遺於奄忽。此皆通顯之實迹，允爲社稷之忠臣。是以贈廕祭葬，極恩禮之隆；閥閱泉官，被休光之渥。若夫念親疾而千鍾弗顧，還子舍而八日疾驅，愛篤塤篪，周睦子姓，助窆賑乏，儲粟建關，里族普被其恩施，月旦久推其名德。稽往牒，金中丞、汪憲副父子同日共祀，鄉賢具有成例。揆所舉祖臺憲孫，司徒前後，各隆世業，允宜并崇，合饗瞽宗，用昭輿論。

歙紀卷之八　紀條示

立法徵收

一、聽自投以杜加索

凡納户賫銀，赴櫃用官等自秤，糧里看驗銀色、數目。雖數分亦銷成錠，明白填注。廒經三連票，納户自封，眼同投櫃，即時裁付收附。如分外加索，鳴鑼禀究。倘有低僞短少折，并時查究納户。

一、立比單以實完欠

納户投銀領收附散去，户房查筭存票，登記比簿，此舊例也。查有奸頑現年賄囑户書，捏添完數以逃比責，致包攬替代，得以任意侵掩，無繇查考。國課民膏爲此輩飽蝕，而水落石出，欠數仍懸，官民兩受其病。今立比單，一里一紙。前列本啚總數，照例分八限，每限下分初卯、次卯、三卯，各已未完數後，列各甲花户額徵。開徵時，預將單發總書照易知單填注啚總、甲總。每甲將花户應納銀數填注上半截，務令花户之數與甲總相合。如有增減，罪歸總書。填完繳縣，請印分發。現年執單逐户傳示催徵。凡花户納銀，即將收附付現年，陸續自填入比單各甲格内。應比之日，將各甲完數總填啚總本限本卯之下。已完若干，未完若干，臨比投單查比，親驗存衙。連票及户房比簿，查有揑欠作完、以多作少者，重究。如花户恃刁不完，現年禀將本名硃圈，下卯帶同比責其單，次日早堂赴櫃催徵，下卯如前。

一、增連票以便查對

納糧收附，舊止兩連，一給花户收執，散漫無稽；一存户房算登。比簿臨期，迫促不能逐里查對，弊蠹自生。今立三連票，凡納户投銀，糧里將連票一樣填注，裂第三幅付納户，第二幅存户房查算，第一幅每日晚堂繳進，俟臨比日查對。比單知差錯，拘究。

一、禁攬代以絶侵漁

歛民逐末外寓者多，至於名閥紳士，不能躬親户役，勢不能不委之户丁，致被奸頑族屬或保歇市棍積年蠹役，攬充現年。花户付之代納，一入其手，或指雇代比責，或捏使費花銷，輸納無幾，而半已飽蠅吮之腹矣。合行禁革，凡充現年，俱要勤謹誠實户丁以應徵比。如有仍前包攬代替以圖侵欺者，重責。枷號申究，仍罪正身。

一、覈舊欠以限帶徵

錢糧一年額徵，原充一年之用，各有項款。今五、六、七年，共欠壹萬七千有奇。未觧者，催檄如火，考成參罰甚嚴。未給者，待哺群集，哀鳴可憫，追比自不能已。若一概并徵，民力有限。今將舊欠數清出，分作四限帶徵。每里給火票一張，該舊現年，同差役逐户催納，逢三、五、七、九日查比，務於五月之内全完。有花户恃刁不納者，現役稟將票後姓名硃圈，原差拘唤，帶同比責。

一、行獎賞以示勸懲

各坊里現年勤於催徵，有每限初卯完足一限銀數者，次卯、三卯俱免。比本限并完下限者，亦免，比逸之以嘉勤也。如五限之内通啚全完者，現年給遍優獎。七限之内通啚全完者，現年花紅給賞。各排年四限之内有通甲全完者，賞亦如之。現年臨比不到，發火籤拿，倍責。八限外有拖欠者，并歇家拿究。

嚴保甲

一、各十户挨查，内有容留來歷不明、面生可疑之人及游方僧道、娼婦、方術人等，即時驅逐。窩隱者，保甲長指名呈究。

一、各甲内有賭博、打行、白蓮邪術，夜聚曉散，不孝不悌，作歹非爲者，保甲長不時稟報。

一、地方或有盜賊生發，本甲長鳴鑼聲喊，本甲人户俱要持械齊出擒捕，鄰甲人户同出，并力協拿，坐視者呈究。

一、選練鄉兵。保長會同鄉約、里排，將保内各户壯丁堪充鄉兵者開報。各自認備器械，酌量住址遠近，就便團聚操練。本縣單車親閱賞勸。其有膂力過人、習熟武藝、通曉火器者，約里、保長具揭開報，以憑録用。

團練鄉勇

流寇之亂，起於西北，蔓擾中原。長江天塹，新安固無他虞。第伏莽之奸，伺隙叵測，固圉之備，豈容緩圖。爲今日計，惟鄉自爲守，人自爲力，捨練鄉勇，無他策矣。已經申嚴保甲出示，去後四鄉遠未見舉行。除置簿遍告鄉紳，聽自令丁壯預備外，合再遍示在城在鄉各保甲内精壯人丁，自相勸勉，推舉大村鎮一、二百人，小村鎮數十人，或附近聯絡共百餘人，多寡各聽其便，十人中舉一人爲什長，百人立一人爲團長。長百夫即武科庠士。异途有識略者，皆可自任。或極大鎮有數百，則立一鄉總；或借重本鄉縉紳自允約束者，聽之巡司，信地則責之。巡司各令自認器械，農隙之日，隨便習學武藝，團聚操練。有事傳呼共應，人人皆兵；無事則有備安居，家家樂業。惟不可擅科斂以啓騷擾之端，藉群聚爲争鬥之漸，則非本縣立法之意。三尺無貰，惟各鎮各巡司、約里、保長一鄉總具一册，開名呈遞，以憑本縣單輿驗閲賞勸。

城守

照得流氛孔棘，歙雖居萬山之内，有險可恃，然圖事宜預。本縣去年已曾再三諭爾民，就保甲中自派城守，富者出財，貧者出力，無事各安生業，有警呼之即應。兹恐爾民猶執「我止一家，何苦爲大家守禦」之見，不知同心并念，正所以爲自家也。各限即日各鄉約、坊里，按册公填某人家清力壯可以上城，某人産厚業饒可以雇募，各發一段義氣，勿得阻撓。傳聞中州受慘之處，或奸細内應，或聞風逃竄，以致禍不可言。平日慳悋倡議，不肯堅守之家，究竟歸於煨燼。本縣嘗自思惟，凡攻者，攻其無備。若能志定神閑，百計捍禦，賊衆烏合，一遇堅城，彼師便老，乘懈而擊，未有不盡殲於溪山之側者。是富户即出餉，亦不過五日、十日，自有效驗，非久損錢財之事也。夫以小費而獲全巨資，何悋而不爲乎？至若貧民，一意出力防獲，切不可興雜念。蓋良民天祐，逆民天誅。此輩皆係愚民，沿路新從賊黨，屢被官兵鄉勇殺傷，斷不活一年、二年。今日東奔西竄者，非秦、晉、豫、楚之人，其人已死久矣。第世上人多，無從稽考，故不覺耳。又今休邑城中，自願鼓舞，已有義勇三百名。歙素尚氣，何其不如休寧也。示到，限二日内部署即定，認垜用粉書名，仍歸復業，此乃安不忘危，寧使備而不用。本縣樂與爾民相安無事，毋使索而不備，令爾民歸咎守土之吏，平日全不講求也。

謝客

歙僻在溪谷，徒以黄海招屐。民之居外者或奢，而處内者實儉。客每至，止適下吏，以休息爲素志，士民多安之。愈不能奉客，客歸，惡稱歙游之凉也，輒謬其辭。以故溪上之帆，猶誤指焉。下吏竊自思惟，功令如此其嚴，物力如此其㢘，羽檄如此其旁午，守土者愧無以固人心，策兵食，而魯連不聞有却秦之謀，相如尚思爲傾鄭之舉，得無不韵乎？矧新奉上檄，詞訟一切停止，專意城守，與客之初心更相刺謬。下吏以不能謝客，故而蒙譴，分固應爾，誠不足惜；獨惜此一游，既不潤橐，而徒敗人，一官以還，有不堪迴想耳。夫下吏既不能事客，而又不能悉心以相告，徒淹我湫隘之闔。抑又謬爲民所物色，曰「兹吾令之所致也」，則下吏之愆滋甚，寧不避訕怒直陳者近是。异日相遇，泥首九頓以謝。

禁白捕

本縣叨莅兹土，首詢利弊。訪有無籍棍徒群結白捕，假差假票魚肉鄉愚，或駕賊指窩，或栽贜誣盜，吊拷嚇索，凌虐萬端。串通村市土棍，倚稱里保名色，陽爲求解，暗則瓜分。如近日謝顯祖、楊尚孫、王應春等，贋票索詐。吴龍、程正老等，已經懲究枷示。及查將本縣皂快弓兵等役，各給年貎、住址、畫像、腰牌，轉行各衙巡司一體遵照，將朋替白役盡數清汰外，合行曉諭嚴禁。爲此示仰概縣軍民、約里、保甲人等知悉：此後凡有差役奉上臺拘提人犯、催納錢糧、緝捕盜賊等事，俱驗腰牌、印票，方許協同拘唤。如無腰牌，即係白役，該地方人等扭執送縣，以憑坐贜究遣。毋得隱蔽通同，詐害生事，訪出一并連坐。

通商販平糴糶

新安米穀，向藉外來。目今青黄不接，有等奸惡牙行鋪户，高擡價值，惑亂人心。又有漁梁脚夫强馱暗奪，以致浙江客船不得抵壩，潛泊境外貿易。其鄉鎮招接江右肩販者，揑造謡言阻截，大爲民害。爲此示諭通縣軍民、商販、牙鋪人等知悉：凡在市米價，俱照原來時價稍加微利，公平糴糶。牙鋪不許驟騰高價，以病居民；買者亦不許故爲抑勒短少，以虧商販。其水路船隻自街口、深渡、坑口直至漁梁，陸路自冷水以達休寧，不許中途牙店阻截及率衆争買打奪，有坊城市。且今二麥已收，秋成將近，民間貴食不過月餘，不必聽信奸徒謡言惶惑。如有故擡高價及短少抑勒，阻截商船，生情挑釁，即係亂民，許地方人等呈舉或訪聞，定行依律重究枷號。

召領官銀買米

新穀未登，民間缺米，本縣深切憂念。今發庫銀，前往浙江糴買。但有身家者，非避富户之列名，即畏官銀之有費，爾民多不肯經手。無身家者，非受包攬之誆騙，即圖搭買之耽延，本縣又不敢放心。得忠誠老練，不貪重利，以速去速來爲主，方稱其任。凡我耆碩，有願身當勞苦，惟救地方者，立刻赴縣領銀買米。到日先開帳稟知，計筭原本并船、脚等費外，每原袋加銀五分，爲辛力之利。定價畫一，官糶并不虧累，買人仍以尚義給扁旌獎，務使米盈食足，以接新升。其應召之人，不拘時候，同約里赴縣投遞領結，即刻當堂發銀。此非報大户，亦非苦差，亦非公役，故本縣不委在官員役及出差查擾，所以見吾民重義趨事，鮮急濟艱之美也。

示糶米人

本縣時價買米，減錢賣米，雖涓滴之水不足爲潤，然爲下等貧民，非爲上中二等人户也。適訪知當鋪、米行、牙家假充貧户，一人有四、五票者，有三、四斗者。又或游手打棍，包攬替代，至再至三，攙奪生事，情甚可恨。爲欲奪小民之食乎？爲欲攬本縣之事乎？以後止許一升至三升止，天明起，日中住。再遇前項重買刁徒，拿住盡法枷究。其有無錢、無袋、無籃赤身閑看，鼓衆喧嘩，及午時不散者，或本縣該衙親見，即便擒拿責治，將并地方總甲重懲。

示米商

本縣發官銀買米，已再三申諭經紀，凡米過梁下，每百石止買三十石，餘悉聽載往四鄉。昨有連夜搬運過壩者，詰之稱係經紀盡數攔截。且云「豈城中爲赤子，而鄉間爲匪民」，此言非也。今陸公祠糴米者，城鄉相半，安見官糴之專以救城民乎？但願鄉間之居士、長者，各懷仁人之心，或遠運，或發棧，各村一如本縣之糴法，陰德無量。倘惟知射利，空回寶山，甚覺可惜也。至經紀亦不得托辭推卸。蓋雖萬艘之多，漁梁爲咽喉之地，經紀若不能操其去住，何以爲經紀？還宜多方接濟。夫居間之本等不缺，官民一樣。奚必親戚、富户之情面難撇，而本縣之勸戒即不入耳之談耶？望之，望之。

諭各米鋪

平糶之令，本縣不啻三五。昨親詣巖鎮，目擊强買混賴，固是買者之過。然聞米鋪遇大家，十石、二十石則射利暗賣。遇小户零星，則回言無米，甚至閉門。何能謝肩販小民之口，而杜擾哄之虞乎？自今各米店俱照公平零星發糶，自升斗以至一石爲止，不許頓賣富室，以奪小民之食。如違，指名赴縣，禀告究治。不許私尋鬥釁，故生事端，祇自遺戚。

設法糴賣以安民心

青黄不接，加以天久不雨，爾民豈不徬徨？第今時壽昌、淳安、蘭溪、油榨溝等處，新米漸出。又聞江西有米至祁門，亦有米至蕪湖。祁門米可以肩挑騾運，蕪湖米可以舟載車運。各商無論新舊，各携資本，往彼糴買。至梁發賣，價照時值，斷不平減。

其米船見在途次，即宜起撥，速速運至，亦并不減價。經過去處毋得假借挾騙，至商阻塞。秋收在即，今憂饑荒不過半月耳。本縣多方設處拯濟，必不忍坐視爾小民困苦。即米不足，糯米、麥、豆俱可充饑，凡爾小民，各宜安心，毋聽訛言，自取罪戾。秋成之後，本縣諭令商賈，東糴吳越，西糴荆楚，米穀源源而來，價目自平，照舊安享太平年也。

平價

米價稍增，皆因外販非舊，本縣豈不知之？同我黔黎，獨憐糴米之饔飧，不念糶米之本利，是偏枯也。第權其緩急，畢竟有米者即非殷厚，猶然運用得來。爲此不殫煩瑣告諭：今亦不强令爾等虧本減價，致懷向隅。惟是平心酌中，勢可每石賺五分寧三分，勢可每石賺三分寧一、二分，不早晚騰涌，闔郡受賜多矣。勸爾城鄉大小鋪牙及囤米之家，各從地方大局面留心，勿徒一己起見。蓋顧大局面正所以爲一身一家。倘江浙新米齊集，不一月米價大賤，其利反減，滋悔。俗語云：傍好住。即就貨殖一端，亦要識時務。諄諄再三，各宜遵諒。

分留歙販米船以濟鄉里

米穀新舊未接，全望外販接濟。本縣多方思爲民間廣糴之策，憂心如焚。近聞休寧米價騰貴，商販自浙來者，盡繇小路徑趣屯溪。若係休寧客販，人各爲其桑梓，本縣安得强之。至如歙民所販之米，目視鄉里嗷嗷待爨，惟知趨利，透越而過，有人心者斷不如是。本縣親詣浦口面查，如某等船已經留於本處發糴。爲此示仰商販船户等知悉：以後販米客商係歙縣人民，其米船俱當留泊在本縣地方糴賣。如有仍越過，及歙民假稱外縣潜渡者，地方指名赴禀，以憑本縣親臨查究。如果係休寧客商，方聽其徑過，地方毋得因而生事。

禁索錢包糴

本縣親見四鄉窮民携錢遠涉，不能得米，情甚可憫。其號呼挨擠、恃强重支者，皆城棍也。平日不習生理，惟以賭博、打行爲事，陡遇米貴，人以爲極愁苦之時，此等人反行包攬賺錢。爾民識認，除密訪外，再有無錢硬索米票，及一人二、三票者，爾民即時喊稟，即將本犯票米賞舉首之人，仍重責枷號。

禁强糴

目今米少價騰，民食不足。本縣已經遍示各商牙店鋪，平價發糴。爲念爾小民得省錙銖，以益升合。賣者既無厚利，買者自當平心。昨本縣親詣巖鎮，見買米人户百十成群，呼噪强買，甚有未交銀錢張袋硬索，或執錢影射，希圖混賴。本縣初亦憐此飢色之民，待粒舉火，諭挨序收錢量米，不許紊亂。及觀此等强梁攙奪形狀，不覺髮指。除量行責枷懲戒外，示諭城鄉買米人户，俱用足色銀錢照時價平買。如有聚衆十人以上，造言倡率，恃强硬索混賴者，地方約里稟聞，或本縣親查訪出，即拿究，申解正法。目今江浙産米之鄉是處騰貴，爾買户既受減價之益，各宜平心。如有怙惡妄行，三尺無貸。

照時值招商

新安之人，外郡販米，不但可營一己之利，兼可濟一郡之飢，甚善事也。乃聞離境百餘里，盡糶與嚴州；近者未至街口，又近者薛坑口，即行泊住，疑畏不前，是厚外省而薄本桑梓之邦也。豈以本縣出官銀買米減價，遂妄謂以勢臨爾商，短少來價乎？此不足慮。本縣已嚴切分付經紀，凡米船過漁梁，每百石止分賣三十石與官，其價任從細筭，原來水脚與民間一樣，毫不討便益。其餘聽載往各鄉，不許經紀借題盡數强留。夫義利兩全，官民俱蒙爾商之福。苟有人心，寧有不惻然動念，惟競刀錐之理。爲此勸諭爾米船作速上灘，以接濟本縣，救活城鄉，斷不虧本，使爾商有向隅之嘆。切勿聽奸牙、地棍唆哄，負本縣招徠之心。孔子曰：「見義不爲，無勇也。」爾生於禮義之鄉，豈不知此？

杜棍謀以堅義濟

好義之念，人孰無之？稍居優裕，動皆濟人利物。無柰棍風大熾，深恐爲好成惡，一意閉户自了，不能照顧他人，意雖漠然，情有可諒。於是諸棍乘機横行，素不相通，公然借米借銀。又有愚民貧户，誤聽訛言，或指某家有米潛匿，或傳聞水次有何米在簰，惡求硬搶。刁徒爲之運籌，衆人供其驅使，此風不可長也。在城在鄉，本縣俱已訪得其人。因天道亢旱，正在祈禱。姑開一面，倘仍前不悛，日甚一日，惡貫既滿，決難養癰。當密捕正法，以痛快人心，斷不輕貸。其富家大賈，亦宜坦易明白，設法周濟，毋夜運米，毋晝閟門，永杜指摘之端，潛寢奸猾之計。

禁搶通商平糴

新安米糧，仰給外郡，皆繇商販接濟。民商相倚爲命，其來久矣。近因江饒遏糴，以致祁閶一帶商販不繼，米價翔涌。有等百姓遂借長價爲名，紛紛搶米鋪，思罷市，且使客米聞風疑畏不前，中途移舟别賣，勢將粒米不入境内，何以救爾百姓朁朁。是爾等病商，適以自困也。况搶奪之禁，明旨森嚴。舊年揚州有搶米者，官司立行正法。近日江右有搶米者，撫院立行梟示。三尺凛然，爾等良民，豈甘蹈此？今本縣面諭各商，嚴限接濟。在店之米，隨時平糶；在途之米，星夜趲回。倘有奸避，定罪不宥。爾等百姓，務各安心守法，無憂乏食，無蹈亂萌，自貽後悔。

申禁搶借

本縣設法招集商船。今江浙新穀已登，外販將至，四鄉亦漸有雨，苦守不過半月，糧食自足。不謂數日以來，民情反不安静，强借强搶，在在告急。此皆賭博棍徒，該鄉約里稔知姓名，但因避禍結舌。不知指名擒捕正法，大惡服辜，棍黨鼠竄不出矣，安能復生禍乎？爲此示諭本地居民，何人爲首搶借，本縣即爲爾除去一方之害。倘本縣自行訪拿，鄉約、里排知情故蔽，坐以主使之罪。

勸募義助

流寇匪茹，江北已遭荼毒。爲今之計，政不必諱言防守矣。第徽郡錯列萬山，防守較易，從來越國保障六州。程忠壯奠安諸邑，豈獨英略超群，亦繇地險可恃。今於六嶺各築関隘，更募義勇千餘，據險守禦。雖有亡命，豈能飛渡？但念師行糧食，難驅枵腹之衆以操戈；惟有賞重身輕，可鼓敵愾之氣以禦侮。本縣轉輾躊躇，費將安出？既不能取給於公帑，不得不借助於私家。所願好義人等，自爲身謀，各捐囊橐，自簪紳以及士庶，繇升斗以暨釜鍾，積少成多。庶廪餼賞賚，助資不窮，而烏獲、孟賁争先效命，豈惟外寇不敢窺関，抑且内奸無繇生釁，既可自衛，又可及人矣。客春沈生《紀异》一書，備言巢縣被賊始末，曾親見縣令先時勸富家出粟募守，皆慳不肯應，及失利之後，駢首就僇，哭聲震天，悔不從縣令之言。此殷監之不遠者也。夫人雖至不慧，未有不欲全軀保妻子者。寧太接壤，整頓已异，往日百姓未嘗不從。即爾鄰封，不煩告戒，城中自出鄉勇三百，不費官餉一文。歙爲首邑，乃心梗耳頑，竊爲吾民耻之。矧頃者屢頒明旨，多方鼓厲。則凡能倡義捐資殺賊固圉者，朝廷當自有不測恩施，是爲國爲家胥受其福。本縣叮嚀再三，而猶酸澀不應，非所望於烏聊紫陽問也。今立爲三等：下等出身城守；中等出餉多，募人城守；上等出餉多，募人城守兼餉下等。鄉間保禦之法，亦如城中，則越國忠壯之烈，第須閭閻自謀，而流氛不敢入境矣。

預積米薪

新安粒食取給外境，人皆知之。本縣昨歲春月廣勸積儲，且懸旌獎之格，叮嚀告戒，不啻嘔心，無過爲地方未然之防，先足食之計也。後惟陳萬達、陳萬義兄弟，以積米百石報縣，即給扁，旌其趨事共命之義，嗣此寥寥絶響矣。兹當流氛日熾，在在戒嚴，恐鄰境一旦閉遏，甚爲可慮。除一面遍達鄉紳設法儲積外，合示通知：凡士民有力之家，各賫資自往外境，及今東作未興、米價未貴之時，廣行糴買，自積本家。俟青黄不接，照時發糶。赴縣報有積至百石以上者，扁旌；五百石以上者，申請給予冠帶，免其差徭。徽民操奇赢以自負者遍天下，今既獲厚利，又可周恤鄉黨，以保身家計，爾素封士民必有聞風趨倡，毋俟本縣三五之申矣。若夫柴薪，日所必用。春雨屆期，乘漲出水，價必大賤。城市居民各宜廣收堆垛，以備數月之用。庶日給可資，即遇意外之慮，有恃無恐。

儹客販米船公平發糶

本縣米少價騰，民間需糴甚急，誠恐天旱水乾，商販船隻耽延，合行給批催儹。爲此批仰役星火前赴街口、淳安、遂安、嚴州等處沿途水次，凡有米船，速行催儹前來，徑抵漁梁壩，照依時價現銀公平糴買，必不虧短。如有沿途土豪阻截强買，詐言減價等情，將受執印信公文書札投鳴所在官府究治，去役不許因而生事。

復社倉

新安民食，患於米穀不濟，人皆知之。即如今歲五、六月天旱水涸，米少價騰，人心洶洶，禍害叵測，皆平時無備所致。積貯之法，豈容緩圖？已經本縣捐銀三百兩，買穀存貯縣倉，爲在城倡率。第各鄉遼遠，不能家喻户曉。查縣志并前案，各坊、都原有社倉二百七十四所，已經前任各給印簿輸貯，業有成數，日久廢弛。本縣恐滋騷擾，姑不追求。今惟復仿前法，令各啚領簿一本自執，遍告願備米穀若干登簿，或運輸社倉，或即存貯本家，聽其所願。本縣惟取輸備之數，并不差委盤驗。其已輸在倉米穀，出納司守，亦聽本鄉民望爲政，或輪流，或擇任，自相稽查。其數大約計該里貧户有百丁口者，須備米五十石。如積穀，則當倍之。每年於青黄不接之際，各隨時價發糶。庶貧民免流移饑餓之苦，富户無挾借搶攘之虞，利賴頗大。若或吝惜阻撓，自甘樸滿，鄉鄰不齒，衆怨所歸。

清還官壕

照得西門外，人烟稠雜，屋宇近接城墻。屢奉憲檄，加城浚池，特以狹巷高樓，未便即同維揚之折。乃近日祝融不戒，化爲瓦礫，始露塹影一灣，在向日民居侵跨之地，已經出示查復，正在募工開掘。猶有傍城搭廠，圖爲再行佃占張本，本縣凛奉本府嚴諭再三，不但清還舊壕，且清還官街。是官街以西，方許面城竪造，官街以東皆非架屋之所，爾民毋得侵越灰畫界限一步。如違，不論曾否有佃帖，徑行拆毁，以侵占究論，仍嚴提地方并治。

示季考儒童

因諸生以及儒童，則生員列坐堂上，儒童列坐兩廊，禮也。乃儒童之桌塞滿廳事，將坐諸生於何地乎？且聞午刻領供給之態甚於諸生。以奏藝之場而爲殘毁器物、蹴踏粒米之事，殊爲此考惜之。本縣先期與儒童約：不得犬牙於青矜，不得螗臂於白粲。至於一桌一凳，皆係官物，備辦者甚苦，且其質不堅，觸之稍重，應手而破。倘争奪風高，賠償爾自任之。本縣諄諄如此，勿令紫陽禮義之鄉，有如髦之憂也。

示歲考儒童

歙之稱雄江左，不獨以才也。大儒梓里，被服禮教久矣。本縣季考，見有諸童恥用本等冠服，衣或色似敗醬，一望疑雜羽髦。且帽方屋而高，少焉露頂往來。甚至交卷之時，向前口稱面教，蠟鞋上階，鏗然有鈞石之聲，而元首不挂一絲，亦復短髮紛飄，髻螺舛謬。是何重下而輕上哉？殊可詫嘆。夫爾童以帽爲不屑，故易以方巾，爲子衿發兆也。既而自知其鄰於不恭，不可以對長吏，遂納諸袖中。推其意，本欲自表於編户之羽儀，而反類於對簿之結束，頗近不祥。本縣勸諭諸童，即暫爾圓冠青服，亦不爲褻體。此正去故就新，欲變青青子佩之象也。如再仍陋態，本縣何敢饒舌取憎，以博妄自尊大之誚？惟有查名不録。不録之罰重矣，若輩胡爲乎來？思之，思之。

示季考諸生

語云：「二題緣起，斷以焚蘭；二士共餐，必成攫飯。」夫含筆夜吟，意猶存乎暗淡；滿堂午哄，情竟將於囂凌。兹欲行先文章，敢不禮始飲食？入云則入，坐云則坐，豈來枵腹之嗟？孰先傳焉？孰後倦焉？姑徐攘臂之奪。

歲考發案示儒童乙亥年

歙稱才藪，本縣豈不欲人人盡青其衿，用張彌天之網？但近奉功令森嚴，何敢逾額？然竊不自揣，以爲目力所至，竭盡無餘。其或致嘆遺珠，未必全係冬烘，或亦尺有所短，是諸童與本縣當分任其咎也。細查新安惡俗，每一發案，十百成群，填衢塞路，喜爲叫噪，僞稱不平，甚至登高窺瞰，抛擲瓦礫。爾諸童自思果真有董帷、孫雪之悲，劉命、蘇顔之恨乎？不過隨人蜂聚，逐伴蟻屯，聊以爲戲耳。夫一擊不中，俊鶻是耻，歸而掩閧陳篋，志期衝天者，上也。十禽請復，七步立成，本縣將拜而薦之，亟謝不敏者，次也。計不出此，而動以簡卷發難，夫可嘔可笑之語連章累牘，本縣不黏墻壁，不提父兄，實存厚道。倘必句櫛字比，向諸童索解，豈能掩嫫爲嫱，指鼠爲玉哉？嗟爾諸童，每逢康了，輒怨主司，纔想重來，已淹歲月。非緣塵務經心，即坐懶情入骨，於本縣乎何尤。其静聽嗣音，如仍爲繞署之呼，當受教刑之扑。方今脱巾攘臂之風，耻出考亭之里也。

浚溝渠

徽城憑山爲宇，地狹人稠，連棟危垣，街衢湫隘。每遇霔雨，潢潦載途，行者幾於厲揭。此皆積穢阻塞，溝渠年久未浚，以致水脉不通。泉貨壅滯，火灾時發，未必非此之致也。本縣經繇南門目擊其狀，今雨水届候，開浚正當其時，爲此出示通知：凡在城關廂有原開行水溝道，該地方保里傳諭居民，從南門下流起，募淘沙人開掘深廣；兩傍磚石有傾圮，砌築堅實，屈曲交接處彌縫通導，務使穢污不停，宣泄無礙。俱於燈後起工，限二月初十日通完。本縣不時親臨查勘，驗有惰諉失時、淤淺搪塞者，本户及該地方里長、保長必繩以法。務各亟行是役。本縣樂見其攸居履坦之快焉。

逐流娼

邇來國敝民貧，侈俗不改。徽俗演戲，惡少科斂聚觀，茹盜賭鬥，坐此日甚。近復有地方棍徒招引流娼，假以唱戲爲名，群集匪人，惑誘飲博，以致游閑徵逐，馳騖若狂。大則竄引爲非，小則鬥争釀釁，大爲地方之害，合行嚴禁。爲此示仰通縣人等知悉：凡有戲婦，盡行驅逐出境，不許容留。地方、里約、保長，逐户挨查。如有仍前隱匿住歇，及戲子容留搭班搬演者，即時稟報，以憑拿究。該地方每月朔日具結投遞，縱隱并懲。

逐游僧

近時被獲盜犯，類多外處游僧，如等贓証昭然，纍纍就獄。近復有潛住庵堂，多爲不法。蓋因本縣西通白岳，行脚以此爲名，邪正難分，遂生釁隙。爲此示仰通縣保甲人户及庵觀寺廟住持等知悉：凡遇游方僧道來至本境，有三五成群，執帶禪杖等器者，立時盤詰，務令鮮散，即刻驅之出境，毋容留久住，聚集生事。如違，罪坐地方。

禁夜戲

徽俗最喜搭臺觀戲，此皆輕薄游閑子弟，假神會爲名，科斂自肥，及窺看婦女，騙索酒食。因而打行、賭賊乘機生事，甚可憐者，或奸或盜。看戲之人方且瞪目歡笑，不知其家已有窺其衣，見其私者矣。本縣意欲痛革此陋風，而習久不化。然嘗思爾民每來納糧，不過一錢二錢便覺甚難措置。一臺戲身錢，燈燭之費，親友茶酒之費，兒女粥飯、果餅之費，筭來亦是多此一番喧哄。況又從此便成告狀和事，一冬不得清寧者乎？且今四方多事，爲爾民者，只宜勤儉務本，并力同心以禦盜賊，設法積資以納錢糧，切不可聽人說某班女旦好，某班行頭新，徒飽惡少之腹也。其富室慶賀，只宜在本家廳上。出殯搬演，尤屬非禮。如有故違者，本縣訪出，定將該啚里、保甲爲首之人，重責枷示。

禁賽會

徽俗競賽神會，因而聚集游手、打行、凶强、惡棍，不以無事爲福，惟以有事爲榮。或彼此誇奢，或東西争道，拳足不已，挺刃相讎。傷小則鬥毆興詞，傷大則人命致訟。今即以迎神論，爾民之迎神，以祈福也。以香花拜祝始，而以血肉淋漓、腰折背傷終，此尚可謂之有福乎？豈惟無福，决然降禍，何也？譬如民家慶壽之日，有一人使酒撒潑，攪擾戲臺，號呼厮打，本家豈不惡之！此皆凶惡諸棍，挾騙愚民，釀成亂階，莫此爲甚。爲此預行曉諭：今四月八日不許賽會扮戲，致生事端。如城鄉有犯者，本縣訪知，定將惡棍剪除，會首究罪，坊里、保甲人等，一體連坐。

嚴禁船埠索騙

凡本縣奉上司公務唤取船隻，差票辰出巳銷，巳出午銷，并無留滯。近訪有埠頭奸棍，通同本地船户，凡遇船票一出，即將外來船隻勒討貼差常例。少逆其意，搶帆留柁，奪索鎖船，極爲荼毒，以致外省之船畏憚不前，米貨不接。甚至有各衙之票，數日不銷，必詐索盡遍而後止，深可痛恨。合行示諭往來船户及地方人等知悉：今有凡指稱官差，將來船隻勒索貼差及凌虐搶奪器物者，許被害人據實告稟，以憑嚴拿，坐贓究治。地方、里保知而縱隱助惡者，同罪，决不輕貸。

飭巡緝

老竹嶺地方與績溪、昌化交界，設立巡司、弓兵把守，又設哨兵相爲犄角，若使稽察嚴明，奸宄自難藏伏。近來官兵怠玩成風，奸民窩藏勾引，致有失事，殊非法紀。合行示諭巡司會同哨官，嚴督各兵并里保、甲長人等，務各嚴行巡緝，遇有盜賊，協同擒捕。如有來歷不明，踪迹詭异之人，即時驅逐出境，各店鋪、寺院，不許容留窩住。如有仍前違玩，許諸人首告，或訪聞定行，嚴究申觧。

歙紀卷之九　紀讞語

審得吴社老之妻弟邵天老，昔爲傭於方良貞家，通貞女仲蘭，情昵而逃。蘭父凌四老與兄凌朝松等追獲之。良貞訟縣，審結，天老受懲他逸，蘭亦遠鬻績溪，事且已矣。後四老依其族賈鹺維揚，遂以永吉名告。搵院批運司關提，牽社老名目。第奸夫淫婦俱不可得，社老以池魚之殃，恐一身遠解，隔江廷尉望山頭，誠不可測，故情亟而控也。查揚州告詞，永吉亦非四老的名，况正犯已無，自當覆請免提。方良貞縱女淫奔，臨審假聾爲解，爲家翁者當不如是，合擬杖。吴社老雖無窩引形迹，然情關至戚，不能理阻於宵遁之時，縱之使去，難以全釋，并擬。

審得王朝柱池塘臨路，三月初六日有尸浮出，里保王一貞等呈鳴。棺殮之際，即有新廟道人江汝聖認爲寄宿唱丐，拍板現存，名李天老，傳播人口矣。李文正在城積歇，忽稱尸親弟。細審汝聖云，天老七十許，以三月初二午後出，自此不歸，其歷指衣貌甚詳。及訊文正，稱兄年五十，長大，微黄鬚，面黑無麻。此皆停水發脹之象，豈不相識，認稱兄弟乎？據詞携本販賣，而尸衣藍縷，所告同飲王毛又係夙讎。妄誕種種，已經卑縣責治，而又上瀆，何怙惡若此？姑念悔禍，薄擬招奪。

審得程子文、程卿、程大順，百足窮凶，一門積蠹；李德、汪應龍翼虎濟惡，倚狽爲貪；而趙應則盤踞以朋奸、居停而罔利者也。初藉管月撥差之名色，漸播磨牙吮血之凶殘。以開化寺爲窟穴，撲捉宛若公庭；用木擔挑代鞭笞，撻責如同官法。牌票必繇其挂號，私立簿鈐；誅求甘受其凌夷，擅行科罰，怨憤沸騰於衆口，冤號剥切於群膚。被害許昇輩哀控，本縣拘集研審，贓証昭然。續蒙本院憲批，更奉本府提鞫，質對無异。本縣復細加詳訊，如快手許昇、唐華、汪柏、許上、馬瑞、葉正、徐卿、程科、許華、何成、汪鳳、汪伸、江暉、王寵、江瑞、吴貞、程邦、羅秀、賀應元各受撻責之辱，又索其求免之贓。甚或毁裂衣帽，以張難犯之威；或索飲劇，以饕無厭之欲，此猶曰「自噬其類」也。至如刑胥吴從聖，以程卿營差拂情，褫衣而足十金之罰；皂隸周思成，以奉官行杖失意，設席而復五兩之科。私逐門子郭昇、頂役汪可，并十一兩銀券，而李德執之。汪柏等七人兑支未挂號，并二十四兩工食，而子文攘之。惡已貫盈，饒有贓真証確之事；犯干衆怒，咸懷食肉寢皮之心。論其婪橫之惡，似應禦魅投荒律，依科嚇之條，姑擬輸薪舂粲。汪柏、吴從聖、汪可贓給主，餘入官，郭昇還役。具招解奪。

審得潘嗣聖、潘志達争地成讎，訟案山積。據達控瀆至，再經列款條，似不容時刻緩其誅僇者矣。及拘提各証，逐款質對，内如張義高、潘元老、潘士英、潘玄祐、潘正榮、潘五老等，或已故無人，或避匿不到，隱丁立户，并無主名，無憑坐究。如開盗割墳税，行賄者爲互兒，互兒不到，代証者達黨季會，非互兒也。又如買良爲賤王素玉者，潘三議未婚之妻。三議故生員，王朝偉告縣領回擇嫁，非聖得而婢之也。如謀吞祀産，族祠有公田三畝八分，原買於嗣聖之親房嗣昌，衆因收薄，令聖贖回，契價二十四兩，止交其半。衆欲退田，聖已種麥，求緩期，亦未吞也。如慘吞殯銀，姚念庵官斷埋葬，據念庵子繼明親付季存。季存即祖達，然有念庵在也。如霸截水利，潘義老與嗣聖争雄灌田，忿已久熄，難再燃也。如霸禁山場，族有公山，呈縣拚價費用者，係潘維勗，非嗣聖也。此數証皆志達私人所指爲聖罪案者，若此而達狺狺無已，不勝不休。總之，聖恃爲總書，兼攝祠務，素不協於族里；而達倚黨羽之衆，各不相下，互尋傾害。詞雖未實，然聖亦有以致之。且此二犯素稱不良，若稍低昂，愈增不了之局。姑各薄杖，以息刁風。

審得余民康，其父先年娶江啓元寡母爲室，帶女徽玉來，康幼時以异父兄妹相嬉。玉笄，父母嫁於汪誦已六年，夫死，再醮鮑士奇，有親姑曹氏、房長汪右良主婚通妁，又年餘矣。康非痴非醉，稱玉寡時曾許締姻，袖出鞋二緉，珍藏什襲，涕泗横流。族衆云：窄室淺房，當親喪時，無可内外，係弃物私取。夫即真爲芍藥之贈，亦娶以不禮，不應斷聚也。康童心勃發，告府願息。未久，連控憲臺，訊時尚抱履興嗟，呼天搶地，殊類夢囈，妄不自知。痴迷可原，誑瀆難逭，擬杖。

審得洪光社殺程德一案，禍起厨室之中，命戕暮夜之頃，折傷兩簡，皆符歷讞情真，死案定矣。卑縣今奉駁審，細訊江阿胡，稱是晚間鬧聲，扣前門下鍵，從後門入，徑抵厨下，見光社、晚生、范氏、吴氏環立，程德被創卧地，尚號呼求救。阿胡慘驚眩暈，爲人扶出，其狀頗悉。方萬老稱，日間見德刈稻，吕垣高，外人不聞聲息，其醉醒毆殺勿知也。則德死之故，母子夫婦自知之。今光社、吕氏持辨爲拒奸，而范氏、晚生堅執爲索券。據情揆理，初招雖有阿范恨德毆死與有力之疑，然里鄰回結，前縣審其路遥，觀聽未真是。矧奸無實迹，奚從懸坐范氏？再研所謂索券，原貯一賢處，光社立領付德。德潜取自肥，社惡德以正。范母子平日縱不愜於婿，此時從大義起見，未免以督德爲是。彼光社夫婦方因公憤報私怨，見范母子有責德之舉，有旁觀而不加功者乎？故始而聲罪，繼之以毆。殊不意傷重，竟以是夜死。求抵於四人之中，以親疏强弱論，必光社是問矣。雖百喙其何辭？惟是范氏遲遲出詞，未必無青蠅營營、互相諉卸。又吕氏爲一貫嫡女，係德主大功之親；光社爲嫡婿，亦德主緦服戚屬，或可微開本犯末減一綫，此在憲鞫詳奪，非卑縣所敢輕議也，應照原擬解審。

審得汪九爲汪任理之僕，九有子三毛，雇與徐子中，隨賈盛澤，殁於疫。崇禎五年二月，九往搬柩，立約内載子中予路費十金，領喪歸葬。越三年，而有謀殺之告。據九稱，彼時隨主入粵，路費未得，柩亦未歸。然其領約係汪涵中代書，涵中即任理字也。居間三毛之舅江文奎與原中佘佛興，豈能盡箝其口？且三毛方九齡時，任理之父汪翰將毛鬻鮑文楫，亦任理代父立券，今叛鮑爲傭於徐，何有揭本販賣之事乎？九詞之誣，皆任理發縱，合應并懲。尸棺未歸，終貽後舋。九赤棍得資，自飽其腹，豈能念及旅櫬？合令子中移還，亦帷蓋之情也。招詳憲奪。

審得胡社女之子應福十餘歲，采薪砍江別松樹，據稱獲嗚地方者三株。然一豎子可擔，其非成材明矣。社女情虧，賠禮求釋，至鬻女治酒，窮迫之狀，殊可惻也。地方周六、上棍朱有福饕飲不足，復詐辱其妻，社女適遘痢殤，便以命控，自是駕虚，實六與福武斷横索激之也。姑念未得贓，并擬杖。

審得吴貴老、元兒、江長才、程世用、吴春旺、林福慶與自藥孫社明、未獲佘高老等，糾合赤棍，嘯聚緑林，探程茂、程一贊歸舟囊篋頗厚，執械强劫。因贊吐「認得」一語，遂行凶刺傷，落水而斃。盡擄其衣物，强暴之狀，令人髮指。據供同夥九人，貴老等五犯先獲於半月之内，程世用欲借鉗奴蔽身脱網，其主自南雍執解就獄。六犯現獲之贓：貴老則有紬紗絹五匹，衣襖六件，簪帕孩衣暑襪；元兒則有紗羅布衣被七件，布二匹半；福慶則有綿布衣八件，綾布二匹；春旺則有布衣被三件，銀五錢；長才則有紬紗布六匹，紗衣氈毯；世用則有隨身羅衣毯簟，皆失主物也。俱經認明，强盜得財傷人，贓真情確，均應重辟。未獲三犯，内孫社明手戕事主，實爲渠魁，嚴緝日久，約里呈其自盡。追訊其妻鄭嬌兒，稱夫事發逃遁，忽於七月初三日晡服毒，歸家卧地喊痛，昏夜而絶。經委糧佐同里保驗明回結，尚未顯伏斧鑽，爲有餘恨耳。其捕官先解何毛、侍富二人，素行非良，但盜口供其平日常同賭飲、行劫，原未入夥。侍富稱，初報貴老等盜情，因餉田得之耕者傳説。姑念諸盜之獲，實其所繇。各杖。佘高老并不識名二犯，照提另結。

審得本縣四路鋪司兵工食共四百八十兩四錢，卑縣於客冬十一月二十三日受事至今，未滿一年，發給過三百四十四兩七錢，蓋亦深知此輩勞苦待哺而恤之也。兹各役以六、七兩年未給爲控。查六年未給六十兩三錢，七年連閏未給三百四十九兩九錢，其情固可矜。第六年民欠六千有奇，七年民欠七千有奇，帶徵追比，納者寥寥。本縣歲額五萬餘，起解者時不容緩，勢必將存留給發之數稍後，此亦前官詘於所入，萬非得已。惟此三空四盡之日，八年現徵尚欠一萬四千餘，九年預徵業已開比，新舊需解，一時并急，何能復措？今查將六、七年欠户内摘出扣數給票，令本役自向坐取。承役胡應乾、凌堯儉雖無别情，失於催徵，不能無罪，各擬杖。

審得黄浚明侵欠銅本，奉旨行籍變産完贓。先奉憲牌，内開部咨浚明名下欠五、六年銅銀一千九百五十八兩二錢五分，又供兄黄堯文領銀四百兩。卑職遵拘家屬查追之際，又接户部江西司牌，開有兄黄秋宇、叔祖黄願聖分領銅價一千一百有零，姨夫程堯基吞本五千有零名目，此係浚明呈於部司扳報者也。故願聖與堯基之子鎮遠相繼控憲。今審黄秋宇即黄家相，向爲太平府吏，五、六年至今供役，并未至京。黄願聖籍七都三啚，浚明十七都三啚，相去九十餘里，并未一面。程堯基向家維揚，雖係姻婭，自浚明寓京，久不往還。研阿吴係浚明妾，家無同爨親丁。云止憑浚明寄回一家信、一狀稿，内開三人姓名，别無文約干証實據。其賫文差官伍維屏初獅補弁服，車騎甚衆，後爲秋宇訐告，對簿之際形語支離，願聖等共指其僞。再詢之，維屏已故。此爲屏奴進旺冒名領文來此，托宿阿吴家，沿村嚇詐。歙自黄山風鶴生疑，值此流氛未靖，商旅初還，横遭勒索，頗懷惶懼，所當深念者矣。夫浚明初時報部止兄堯文一名，已准泰安州關山東布政司庫收彼處聽解矣。設使秋宇等分領果真，何不盡報於堂而續呈於司？且分領必有合同議約，阿吴茫然，浚明可以稍寄家信、狀稿，而獨遺文約，非情也。至若程堯基欠别本五千金，約爲堯基乘喪竊去，更無的據。中証吴乾賜、觀賜，吴稱遠出不歸，皆子虚也。又可疑者，領銅本與借私債均此二人居間。尤可疑者，告秋宇詞以維屏爲首証。總之，居奇聲詐，不一而足。卑縣伏讀明詔，凡家屬非係同爨，不許株連，炳如日星。秋宇等情事若此，難以懸坐賠償。已將浚明産業開報召買，又係遠年久賣墳地，合將阿吴抱告黄尚擬杖結案。其伍維屏〔一〕詐冒作奸，念無確贓，并杖，逐回原籍。

審得江可仕侵南京倉米價、水夫工食一千有零，羈禁追比七年，遍累親族，尚欠水夫項下銀一百五十兩，計無復之。乃及其婿黄仲深，深匿不出。仕女黄阿江代夫質父，經本府、卑縣兩審，今奉憲批，再鞫阿江，當庭詆斥其兄玄祐是矣。深故不貧，何無義也？推其故，總積歇汪仲恒與族弟仲良代爲狡謀營脱堅抵，故阿江悍然不顧耳。及研審折服，仲良願代深認罪完逋，合立限追竣。仲恒、仲良、玄祐各擬杖。可仕坐侵牟軍糈，應另招詳。阿江深愧緹縈女流，免擬。

審得吕世焞、吕世任，族兄弟也。其先，鄭之仁以屋一所質世焞，銀一百三十九兩，又典鮑荆山銀三百四十兩。後任承買其屋，契價七百五十金，立轉典契與鮑及焞，撥屋取租抵息。後任復典程雙鶴銀三百四十兩。一業三主，不得已總歸於焞。除

〔一〕「屏」下疑有「奴」字。

鮑、程兩典價六百八十金，尚餘七十金。在任以爲應得而索之，在焞以爲不足前質，欲取盈復摭任昔年未清債尾。兩索之，訟府，斷任償焞六十九兩，以足一百三十九之數，各約塗廢。蓋實典值宿逋兩結之，以杜後釁也。無奈任貧，不能完，致焞瀆憲。合照府斷追給，杖任結案。

審得饒善述、羅社龍、楊八，皆積年鼠竊也。八月初三日，掘門入方有道之室，得贓瓜分，爲捕快程明高等所獲，供吐竊盜多家。如現獲銅佛、錫器、紬布衣八件者，方有道之贓也。竹扁、木匣、文章十一本者，吴汝謙之贓也。紙畫五幅、油桶、盒匣、酒托者，程啓明之贓也。俱經失主認明，其餘如竊五王閣、斗輪灣人家及趙光甫、吴鳳川等贓，或花費，或稱質無追。則諸賊之荼毒村落，非一日矣。亟應正法剪除，閭閻庶得安枕，合依律刺配，招詳。

審得洪老貨之父必大，放債爲業，人多怨之。吴希禹者，因妾雉經，告貸於大，大即爲之經營訟費。事竣，開單計四十金，禹以田抵償，此崇禎二年也。禹納租兩載，餘後以貧不繼。大索之殊急，禹始疑前費中不無子虛，漸覺齟齬矣。會禹姻王定國以他事與必大構爭，刻有款迹，禹遂摭拾以証必大之惡，而二三稱貸，又復佐國爲犄角。必大年老且瞽，憤懑而死。其子老貨，孱孺子耳。問其父營息之事，未甚了了，謂其佐父，則未有也。田在洪，終成禍本，合斷田還禹，禹量償二十四金，免其息，追還原券，以杜兩人後釁。若夫必大龍鍾喪明，而放利不止，念已云亡，單款各証，止厶等三人對簿，皆稱貸小事。擬杖老貨以代父辜，定國、希禹夾攻，各擬招詳。

審得巧鳳之死，致命多傷，證仗具在。吴氏妒殺之真情，太寰毒斃之實迹，前招洞如犀照。殺人者抵，紅杏自必擬以加功罪坐。夫男太真不能不爲母伏法顯戮，以抒幽憤。真同銕案，奚容再贅一喙。今奉憲批確審，卑職研訊犯証之口，汪昌祚父子倚紈褲之習，驕恣相承，里族素所側目，故家難作而下石者蜂起也。昌祚稱巧鳳買自六金，向以事母，即或有燕昵之私，未當小星之夕，似與側室殊。况徽俗御婢之酷，炮烙挺刃，習以爲常。以吴氏之奇妒，何難手斃一女奴，似無俟厥子之謀，而後悍然弗顧也。獨恨太真已長，讀書知禮，父比往浙，不能幾諫以回母意，殺婢之罪自無所逃。若夫太寰尸傷，受毒甚重。研馮留福稱，有伯良害我之言，汪猶龍付之不辯，伊父某稱向不習上，豈能起九原而問之？第當禍起鑠金之日，寰雖首難，翼者尚多，豈斃一人能滅衆口乎？且一命未理，又自毒一命，以益之疾。太真雖愚，或木出此。至如紅杏聽命主母，太真既開一面，紅杏似應并原其加功矣。卑縣仰遵憲檄，誠有未盡之虚懷，謬舉管窺，統候覆鞫，而定如山之判也。

審得徽民僑寓遍天下，故鏇告之風甚熾，每以冒籍告行原籍關提爲快，懸案不結者比比。如方可大、方若輅伯侄，同賈南都，崇禎六年二月，可大以奸訟輅，蒙批上元關提，數月督批於歙，又經前任魯推官查原被在京審結，具繇請銷。今卑職奉批遍索，而里長方謙芝、族屬方益等挨查，大與輅數年以來未嘗一至原籍，及今謙芝跟訪，又云兩造自金陵又復他徙，不可踪迹矣。卑縣無憑拘質，謙芝即非同謀規避，然追尋不力，擬杖招詳。大與輅照提另結。

審得陳安國典東岳廟閑房爲書舍，任意加葺，爲道士葉柏所嫌而争。坊衆江弘静等祖柏，代爲立券，期以十年減價四兩取贖，非安國願也。前告卑縣審時，未及冷鋪馬道城垛一字，今控憲之詞添揑如許，且列雉屹如，矢砥無恙，萬目共見，敢以餙瀆憲電哉！姑杖首釁之汪大亨示戒，安國認暫質爲己業，筆墨之致寡，而土木之興多，并杖招詳。

審得姚宗明以市儈訟師更名良明納吏，猴冠虎翼，爲暴里中。祖户有軍民二差坊役，軍居城，民居鄉，以鄉貼城，其來已久。兹軍役輪明兄弟三人充值，乃恃强推諉。因親兄宗舜理諭，毆以木擔。兄告無抵，復摭詞妄擊同宗在鄉民户之姚沂、姚瀏，淋灕滿紙，如囈如狂。族衆姚浹、姚應奎等三具公鳴，亦以爲津貼之議，二百餘年相傳世守，一旦欲悖祖違衆，以逞己私。且其平日運揑造之籌，發打搶之縱，實繁有徒。乃一方之巨蠹，以故衆口面攻。其毆父毆母虐弟諸不法，姑不具論，惟毆兄一節，親舅江侍溪確証，逆倫犯分，律應徒究，并當褫斥，以懲敗類。揑造廢約，追塗附卷，具招申詳。

審得楊三郎、楊尚孫、楊義孫父子皆積賊，鄭三白捕也。尚孫事犯別案，捕快着鄭三緝之。事畢，駕詞反噬。據開多款干証，到者五人，内如張天老之自鬻其身，項細黑之争水，係相毆而無詐贓，李松老之臨審復避，朱別之質對未真，吴應貴左袒鄭三，夾攻爲應兵，皆不懸坐。惟陶細妾委因窩盜，官批追緝。其妻賂鄭三銀六兩、銀簪一對是真。其餘或懼禍托故以逊，或年遠事陳無証。即細妾之贓，鄭三已無逭於城旦。惟是楊三郎臂墨猶新，犯案山積，以父子兄弟作賊而告捕賊之人，不可爲訓。况詞稱栲炙命銀四十兩，全屬虚誣，合并擬徒。細妾行實不端，姑念已懲，并代對庇惡之鮑大毛、吴少軒各擬杖。楊尚孫照提，獲日另結。

審得汪菊，因汪三槐之妻九弟送租欠穀二斤，與菊父汪之時忿争，犯分於田間，菊批九弟頰，槐母春蘭護媳，争嚷混毆，推跌致蘭身墜岸坑負傷，越日而斃。招開三簡蘭尸，偏左傷者額、顱、太陽、眉叢、腮、脥、耳竅、血盆、髮際、耳根、脊背、脊膂、肋脅多傷，有一足以致命，豈推跌能偏身？即死於跌，索租争嚷者菊，掌媳推蘭者菊。無問毆跌，死繇菊手，總無逃於抵償之法矣。第春蘭爲汪野之婢，菊與野從堂兄弟實同宗緦服之親，原証汪振能言之。毆死族婢，法止城旦，矧緣衛父？且蘭衰老負傷，扶賴菊家，往返三次，勞乏氣絶，有不盡繇於跌者乎？今汪三槐自訴菊係有服族主，訟累將斃，苦乞早結，情更可見。汪菊合依毆緦麻親婢至死律減徒，庶主僕分明，情法允協矣。具招詳請。

審得吴光熙，乃吴光祐之堂弟，流蕩無賴，鬻身爲奴，敗類極矣。祐外貿，私將祐屋質於宦家。祐歸清理，乃僞造故伯遺約抵賴，復唆高揮使錢糧爲嚇，及母阿徐盡暴其素惡，方俛首服罪。念已淪賤，薄杖，屋仍歸祐，宦貸熙自償，招奪。

審得績民汪阿程，乃汪坐九其叔也。阿程先與夫一松鬻身於楊安賜家，生啓元。後松故，再適二夫。安賜畜元，長而授室，令之别居，主恩不薄矣。及阿程歷更之夫章、季皆殞，逐游僧爲尼，流丐廿餘年。歸而無依，訟坐九及其子。經府、縣斷，令啓元留養。自此程氏年日老憊，瘋顛潑賴，行乞於坐九、安賜之家無虚日，即鄉鄰無不厭惡之。獨績棍胡順者，素不協於安賜，乘賜於七月初八日嫁女，嗾阿程詣賜，聲言欲往旌告子及叔，面帶血痕，狼籍門户。賜以吉辰不能無謝絶之詞，又見與順同立，因并咎順，乃去而道狀，竟首安賜。及審，阿程如痴如囈，但云坐九與屢訟及啓元之不力養。訊所謂白捕擄財等事，茫然不對，其繇於胡順揑誣代告，灼然可見。今骨肉傷殘，而順負嵎不出，旁觀借快，深足痛恨耳。啓元情雖迫於凱南，致母流離；坐九誼已乖於棣蕚，致訟有因，均應擬杖。胡順績民逃匿，嚴提另結。

審得方文潢之弟文津，受傭於族人方佛，與佛子方保遠貿，津醉墜江死，實自致。津母告佛於休寧，歸供結案。潢且浼母舅方權，顧代弟幫運，夥保商外二年餘矣。今歸，復以母名架詞訟方喜壽，以佛爲証。壽久賈江浙，其父文濟代，審質稱向與津、潢并無交涉，何有賺飲奸占之事。蓋因津母訟佛時，詞牽喜壽，文濟頗斥其非，故修隙再舉耳。設津死果别因，止當問佛父子，乃訟佛之後顧代弟爲夥，則津溺之故甚明。佛父子且無涉，况喜壽乎？文潢挾母捏誣，姑念無知，擬杖。文濟詆犢招尤，并擬。

審得吕世任，吕世焞之從弟也，幼育焞，仰其呴沫。其先鄭之仁將屋一所典世焞，銀一百三十九兩；又典鮑山，銀三百四十兩。後世任買其屋，契價七百五十金，無力盡償典價，乃撥與焞、鮑取租抵息。而任力愈詘，將屋典程雙鶴，銀叁百四十兩。一業三主，不得已而總歸焞。除鮑、程兩典價六百八十金外，止餘七十金。焞以不足前質之數，且摭任舊欠尾一百七十金，并訟而索之。經本府斷任償焞六十九兩，以足一百三十九典價，各約塗廢。蓋憫任貧，質值、夙逋兩結之也，乃嘵嘵再瀆，真無賴矣。本應反坐，念已屢懲，薄擬杖，仍照府斷。姑准陸續措還，以寬窮獸。焞歉市義，并擬。

審得舒紹興，以績人僑居於歙，里中推爲甲長。内有休民程六德携妻賣奸，旌德帽工王成老先與昵久。紹興挾奸不遂，乃唆六德密伺成老入室，執而捶楚之，髡其髮。興徐出爲解紛，逼成老立服約，絶其往來，思得恣所欲也。成老告臯縣，已經審責，限五日徙出境。而興復告府，自生枝蔓。招詳批加責，不思自艾，乃有是控。臨審服辜告息。念淫婦既遠，各杖招詳。

審得黄社龍，土棍也。有淫婦徐氏者，先嫁夫程尚貴，生一子；再醮吴三老，日事鶉奔。三老不能制，致質子弃之而出，氏愈縱無忌。社龍與奸久，刁引至家。亡何狂且意漸衰。氏亦欲辭去，托言歸搬取什物。龍乃令婢重喜伴行，實恐其他適也。及氏與喜携裝路遇舊鄰江天祐，倩其挑送，同至龍家。龍佯酌酒認親，夜以達旦，既而鳴里，指天祐爲奸拐，且串黨黄香毛等脅祐寫領，以爲誣賴張本。豈有人在於室而祐又立領之理？欲蓋彌彰，適足爲龍罪左券耳。天祐鳴皋縣，龍捏殺擄控憲，指棍程泉爲硬証，認氏爲妻，然能掩徐氏之口耶？社龍以刁謀，與氏并擬。程泉、黄香毛黨惡誣陷，天祐受倩招尤，各擬不應。徐氏斷同前子過活，候吴三老回日完聚。

審得鮑金老，鮑觀老同族兄弟也。金老幼出休寧，以金爲姓。上年，觀老之兄喜老故，遺嫂吴氏，金老娶爲繼室。觀老公然爲之主婚，且令岳母松老嫂執伐過門。七閱月，腹已懷妊，而族里始告發。經皋縣斷離，追其原聘，觀老控憲，以抵追比。夫金老出繼之後，未嘗絶迹於本宗，主婚娶者皆掩耳盜鈴，明知故犯。至如觀老始啖其利，親出婚書，忽又指爲奸謀，攻其盜嫂，一門皆獸。而觀老爲尤甚，合追原聘十二兩入官。金老擬娶無服妻律離异，與觀老并杖。

審得金陽老，於崇禎三年傭於吴生員段鋪，辛力僅五兩。然向無立錐，自此私置有田屋。及會計之日，虧本百餘金。吴因訪其所置産於其族，金可美欲爲隱蔽，遇金四高者商之，令勿爲隱，故可美具以陽老置田十餘畝、屋一間告吴而索之償。陽老亦自知楚弓楚得，即以田屋歸吴抵虧，本無辭矣，然心切恨四高之勸可美吐實也。其父金三女，即金文，與高岳、羅繼老素往來留都，商於所善京棍謀幹。上元縣奉憲舊票付三女，自領文來歙縣丞衙關提。郭縣丞見來文字多洗改，具白卑縣查究，比以事在隔，未經審結。三女知僞提無濟，遂控批江寧縣，金四高亦以假檄上控，皆蒙憲批。卑縣細查金文原詞，被犯止金可通等四名，上元文提犯六名，金可通、金四高、洪觀慶、金可美姓名及歙縣軍衙字樣，皆係洗改，又多錢奉宇等二名。訊陽老，供係父三女於程文飯店内私改是實，且咎其父所作之非，致累牽訟，情極可惻。此一案也，在陽老以所侵者償主，心所自甘，無容論矣。惟四高饒舌之故，致三女易檄作奸，蔓延訟釁。三女近已物故，無從明正典刑。總之，冒籍頂代，彼此罪均，憲電燭造無遺矣。陽老首禍，四高、金才、羅繼老刁告，合并杖招詳。

審得汪士臣，即汪一九，新安衛軍，居旌德。先有積盜江啓者，前縣宗湔其罪，使之緝盜，稍知斂戢。近因王鐵釘發覺禁獄，啓與有力焉。鐵丁扳一九爲窩，真僞自當赴辯。乃久匿不出，於是旌捕吴壽、吴富、汪榜、汪仁、吕化、吕蛟、李吉等十四人縛其父汪通，并辱其母，嚇索銀九兩食費，餘半均分。此經黄明、王高禮在江村過付可証。臣遂鳴控憲臺矣。本縣奉批關提未到，適江啓往士臣家私嚇，致臣族汪士觀以强劫執禀衛，捕謬卸過於相去數十里之箬嶺。觀即刁惡，能信口囈語乎？亡何士臣扭之人至，乃吴富、吕蛟、汪仁，因該縣比緝，再索於白地。臣鳩族指稱憲詞被犯執之也。今又關到吴壽、汪榜、李吉面審，得贓是實，俱應依律科貫擬徒。但士臣盜扳爲窩，拒捕既真，應從本罪加等。鐵釘現繫旌德，屢奉本道牌提，合應解道并審，盜案定日招結。

審得王之誼、黄鳳向爲葉期司典鋪。鳳引誼蕩費，借店本十三兩潛歸。告本府、廳、縣三審，鳳逋外不到，斷誼償原欠，無奈貧甚，給領未完。而期又訟鳳及其弟時昌於浙，故鳳以母名瀆憲批江防廳行衛關提，期遂捏大盜劫殺之詞以告也。據詞開被告六名，内黄時昌、黄鳳久居浙，王之諫、之讓即誼兄弟，所稱群賊二更執械斧斬門，地方起獲五名，不知所指爲誰，真同夢囈。今面詰，期惟云一時圖誑，准抵闢而已。新安誣鏇成風，本當反坐，但黄鳳誘坑人本逋逃，鏇害有以激之。葉期姑與首禍之誼各杖招詳。鳳照提，獲日另結。

審得黄黑、張闊父母兄弟，皆以拐騙爲生。黑父文助，吴氏之僕，闊母乳黑，稱兄弟焉。村民羅毛酗酒無賴，妻吴氏反目剪髮，爲夫所弃。黑詭稱闊親弟，串媒春老嫂，稱闊爲張廷詔，欲娶吴氏，和誘窩藏程思泉家，將携景德鎮略販，吴氏不從，闊打傷其手足。地方獲報，氏叔吴懷一贖還，轉嫁汪大居，告軍廳。闊、黑俱迯匿，漏網矣。兹因奉本府憲提，里族俱有公鳴。緣瞰方受昌之妻鄭氏新寡，頗蓄奩資，黑易姓名，更服飾，串母益老嫂、潘應忠爲執伐。鄭許諾，先令母密運衣物，事漸彰聞。蓋方、吴世姻，昌女現爲吴媳，黑父子係吴厮卷，兩族鳴鼓攻之。文助懼，立服約，願遠徙他鄉，而黑反以鎖詐瀆告。據里長吴希民等呈列略騙多款，未到者姑不蔓究。即吴氏一案，黑、闊二犯已無迯於和誘之配，程思泉之窩囤，文助、春老嫂、潘應忠之黨惡，均應并究者矣。合行招解請奪。

審得徐章侵欠銅本，奉文追解。章妻張氏詞扳張廷章爲夫元復串名，又開報徐猷、李潤夫、徐元化、徐志遇、徐廷諫、徐志逸、徐志建、徐文林、張德柆、徐志遠等名目承買産業。本縣拘訊時，蒙發憲案二宗細閲研審，追出徐章領銅合同借約二紙，内開徐憲輔、徐大猷、徐章，因章領銅價，輔、猷借銀一千兩，溧陽開典。夥計畢歷綱、程榮耀兑還，并無張廷章姓名。又據徐猷稱，憲輔實名大章。詳觀其押草書，有「章」字樣。雖狡犯之手口未可盡憑，然其不及廷章，則衆所聽睹也。又張乾興、程雲耀二詞，已蒙府審，乾興無干，備述明旨，斥章子徐仲申之妄害，批詳在案。兹審張廷章承買元復産事，據親友項煜、孫芝議，欲其認買六百金，係廷章未歸，其妻畫押，歸而不允。夫果同領，則張氏當坐以對償，何亦偕無干族戚止派承業，且部文未載，豈有元復不明白供報於前而妻孥引蔓於後耶？通計徐章共欠銅本三千六百，除憲輔、徐猷、畢歷綱溧陽應追還一千，而來文表弟吴兆熊買補銀七百兩抵解外，尚欠一千九百，合將張氏開報徐章屋地山田等産，着令本族長徐元化公派承買，攤價交庫抵解，官給印契管業。其餘异姓不許牽連，以遵明旨，庶欽件早完，波累可杜矣。

審得汪志、梅黑鐵、陳四老、黄觀爵、王社老，皆人奴，而村落之蟊蠧也。見旺才塘魚可涎，用毒草投波，魚浮盡竊。爲程元正者趕獲五十尾，據其借吐付金郎、冬毛代爲賣錢者尚有一擔。二人赤棍，得錢隨費，不可窮追。鄉衆共稱諸惡賭博、打詐、强賒、勒索之事，無所不爲。稻麥、果木、鷄犬、牛畜之類，見即攘取，地方之受毒非一日矣。五犯於該啚枷示滿日，與窩賣之金郎、冬元各杖責，令自立保守地方干結，并着家主收領。嗣後凡遇失盗，即拘追究，仍出示通知。

審得方七老、方善老，异母兄弟也。其父鬮書周密無漏，善老聽唆，曾鬨墻於公庭。伊親叔方至正將七老生母汪氏原奩産百金之内割三分之一，以爲繼母養送之資，亦已克盡子道矣。今方阿卜又以無情之詞進此，必善老之意。女流妄謂不孝二字可以恃而無恐，其如遺囑何？審係方昌慫史。至如子孫抵觸尊長，伯兄凌虐幼弟，即方昌亦覺不能謬悠曲証矣。着至正領出，頓首於阿卜之前，以稍感動衣蘆之念，將以觀融融之賦焉。方昌杖警。

審得許光達之子文慶，向在姑家。姑即無子，豈能以武承李祀？迨江可大自有子，則意衰矣。况已爲之娶婦，爲文慶者宜歸宗，不俟江氏之啓齒，何反呶呶稱繼，且辱其子有馬牛之疑，江所以亦以髡鉗報之也。江可交爲親叔，義鋤非種，善視藐諸，而光達頗疑之。倘能處脂不潤，不負此舉。然總之逝梁發笱，光達事外間人何必問耶？府兩斷甚確，飄然遠引可也，而猶屢控不休，薄杖。

審得許明道，以賭博告其子，并及七人。内分二人作証。臨審止到三人，問其餘，則云：「與子俱逃矣。」又云：「皆係吴君美開單。」是君美必相袒，何不細訊其住址乎？詭名無疑也。汪明瑞，酒家當市，向爲呼盧輩所需。年終明道子永昇以十五爆竹而勒其謝二錢，已奢矣，猶父子誣之，意在舍己以累人，刁棍之謀甚巧。明道既無義方，又駕虚控；明瑞麴蘗爲累，失交匪人，均稍杖。

審得謝顯祖、楊尚孫白捕有年，葉禿、方君錫其虎翼也。有村棍王應春，現充里役，欲酬顯祖營扁之勞，視鄉民吴龍、程正老可魚肉，遂揑假票稱官捕，誣以盜嚇之。里人余六十爲斂銀求解，四棍瓜分得意。在應春亦已畢雀環之報矣。不意假票爲鄉約謝立修所辨，顯祖懼而服約，真情盡露，故吴龍、正老奔號以控也。驗票係遠省故官私記，姑免城旦，各杖枷警，贓應并追。

審得巴細毛，年十九而有童心，與僮香兒擲錢，欺其幼，恒多取焉。香兒之主巴志信遂捏情先控細毛之父守相，應兵太猛稱縱奸，刺刺不休，兩皆子虛。守相猶子行也，儆之。

審得王應祥，因買鴜與妻角口，致妻憤縊，於人何尤？乃訟及無干之鮑仲宇、方奴才。訊仲宇，命其子玄林向應祥索醫痘謝禮，途遘奴才，與之偕行，同至應祥門，然非他責貸者比，其無爭毆之情明甚。且據應祥稱，妻隕之日，岳父張東壽與岳母來視殮，祥以田一畝饋壽爲訟資。此時果致死有因，父母、本夫當同聲號控，何應祥越宿方具告，而五日後東壽殺女之詞惟告婿，而不及鮑、方，豈祥授壽以兵而自戕乎？抑東壽義激祥之誣，而爲方、鮑解圍耶？總之，張氏之殞繇之反目，則東壽之詞不虛，罪在祥矣，杖之，爲倚命之局詐者戒。奴才助人索謝，并杖。

審得曹美定與兄美譽，昔因爭繼曹樵成仇。美譽賣藥九江，歿而無子，止一女適楚諸生鄒兆龍。美定欲以己子邦輝繼之，弟姒王氏以仇弗納，而愛繼美貢子，亦無可奈何者。況美譽有遺囑乎？查邦信之繼在美譽生時，共力店業，爲之娶室，但室係螟蛉陳二暘之寡妻，邦信爾時尚稚，不知避嫌。美定所以借爲兵端也。譽遺資甚薄，長兄美賜立有三分輪值合約，事已得均。而美定一詞牽連三省，中多浮駕，應杖。貢自稱不願子繼，請易以邦輝，止欲究唆定之吴堯明。堯明揚去，唆必是真。邦輝應繼。定又以産皆蕩費爲言，使譽赤貧，將若敖之鬼聽其自餒乎？王氏尚在，應如美賜所議，俟孀婦身後，仍照宗支可也。受室非義，亦姑杖以平伯之情。

審得汪阿程之女珠兒，一賣吴金，再賣汪佛壽，恩已絶矣。佛壽使之僞充己女適人，婿家覺而完趙。珠兒之死，當繇怨深摽梅，即庸醫安能治之？况殮時程已同見，此必有唆程更告者。審時張老、黄鳳已各圖無事，汪宇雖佐誣，而憫其龍鍾，姑不究。佛壽欲獻楚鷄，遂成周璞，杖之。

審得程忠屠牛竦口，平日未必無賤售盜贓，而鄭良孫之牛，難以懸坐忠竊也。蓋村落無椎埋雄，偷兒安所藏此蹄角之物？忠所以訪竦口而直入其家。然據里鄰云，絶不見忠投鳴。忠稱現宰黑犢，與驗孫係黄牸，不敢認而歸，雖搶地何益？儆忠以戒擇術。

審得程文式買葉阿程山地，非冢也。阿程向買於葉文道，直甚廉。今轉鬻於程，未免浮於原數。所以三十年後，文道貪嗔痴互起，然葉詩爲居間，不邀原賣主一押一杯，殊不善爲程謀矣。曾擬五兩與文道，而饕欲不慊，今再增三，可以永安宅兆。文式惑於青鳥，又慳致訟，應杖。葉詩慫恿失調，薄杖。文道駕虛發冢，念興戎有繇，宥之。

審得胡三毛即胡士輝，誘程三元即應楨鬻其弟應分之田三十餘金，往外夥計，復令三元立有領約與母。已與阮迂即阮三鳳爲居間，中有「如無，係身代給，并無异説」之語。謀雖巧，不知騙情逗漏於此矣。厥後同至維揚，三毛假充公子，令三元執蓋服役，遍歷齊魯，盡費原資，慮歸有説，遂局棍吴社老等扎詐慘毒意，勒三元賣妻文契一約，掩過全幅，止留隙地逼押而初之。三元無可奈何，乞食而返。程阿葉慮棍執契娶媳，所以哀控也。今着三毛書一限約，俟諸棍至，即鳴官。其三十七金，除安家盤費，尚有其半，應照領約中居間認賠。三毛杖。阮三鳳、胡社老照提。

審得許文魁，屠兒也。洪三貴山木被盜，懸賞街衢。文魁貪而愚，瞰鄰徐岩相貌似竊鈇，遂舍業往報，封三貴銀三兩五錢，俟贓真始付。不意鄉約許世儒爲岩相解免，三貴聽之，相安於無言矣。昔放屠刀以求，竟成烏有。魁兄許杭乃架詞以告，自稱弟訥，故爲代鳴。蓋恨世儒之打破貪城，不知自蹈於法罟也。世儒爲人解紛，以掩盜迹，念主已緘口，姑與杭各杖。文魁饒舌，兄既服辜，免擬。

審得潘阿鮑之夫潘岩求，酒人也。汪五老曾寄緩急，岩求或時往索，則飲之，許以女招弟爲媳。岩求妄謂前債可以作聘，故逋。既無貸紙，婚又無庚帖。據稱割襟，襟又無有。厥後岩求殁，而五老帳遂未清。夫婚姻大事，口許未納一絲，不得援欠數爲解。且兩家俱不饒，何苦結此冤親哉！招弟應聽他擇。獨是岩求舊因此姻鬻田相貸，五老及潘大毛、汪一御、鮑黑輩，昔喧宴一堂，觀彼此互稱親家之狀，豈有胸無心者哉！即着此三人從公筭償，不得以無約相負。五老杖警。

審得休民程六德妻有淫行，旌民王成老向爲入幕，德陰縱之。土棍邵明老亦與德妻昵。績民舒紹興恃身爲歙甲長，鳩惡少暮夜伺於德門，成老入，即群禽之，剪其髮，勒有服約。嗟此惡少，成老以帽工而罹此，亦可謂噂蠛肝者矣。先是里保趙文銘等呈逐穢客，以清閭閈，而甲長獨卵翼之，獨無李下之嫌乎？紹興、明老并儆成細業，六德赤棍，責而免供。二犯俱限五日内逐出境，取約里結繳。

審得汪德郎、陳學賢等，皆羽流也。居二院，各不相善。據德郎稱，携本百兩遇盜。而陳學賢之弟陳裕向爲優伶，歸過道院，挾同班女狙而來。諸學道人似妒似狂，輾轉而成忿鬥，裕亦以劫資三十餘兩爲詞。夫全真之百金，豈真有點鐵之術；而梨園之三十金，豈盡屬纏頭之錦？俱誣，杖之。學賢既閉户而讀《黄庭》，不宜開門而寓紅袖。并杖。

審得許光大妻以病，一月不報，其妻之兄江一第來唁，又不爲禮，貧而無禮者矣。一第之妹柩殯在冷室，以土蓋棺，此寒畯之象，非謀死之象也。可恨者光大之父夢鶴挾仇，而告其弟應瓊之婢氣死，反爲一第口實。念係外趁，免懲。即光大枯窮三人，豈能餍一第哉！一第休矣，逐之。

審得吴隆成、吴伯富山號之混有日矣。非獨吴姓爲然，徽俗大約如此。然按契憑税，冷暖自知。而茫無界限，何也？隆成、伯富俱不登山，惟憑執斤之徒，安得不哄？鮑九輩受雇於成，侵限受毆，然毆傷頗重。大黑輩受雇於富，力頗强，先爲攘臂，罪均也。着族約里排公處分柴，并杖示儆。

審得徽俗僕生不值半文，僕死居然奇貨。汪大志之僕永富死於越，其妻夏蓮現存，設死法不明，何待弟吴老索命？且夏蓮指老爲夫之結義，即云「親弟」，訊以嫂，何不至？則云「隔四十里，年幼不能出官」，爲夫索命，何論年幼？及至庭，甚有年矣。异棍之可恨如此，杖以警之。王明佐猾作証，念係無知細民，姑免。

審得李阿詹，夫亡無子，螟蛉有三：大者先歿，存其次萬老、九老。朵頤其産者，叔社壽、甥胡襄及里長胡大立、姻詹紅志也。萬老係本村之鄰，衆舍不侮。九老本宗居遠，爲人口角頗辯。群起而騙之，乘其居喪新冠從吉，坐以欲逃歸宗，幽之一室，立服約二紙。夫鄉甿而責以喪服之制，明屬借題。且胡襄何人，串成一局，法應駢究。念阿詹已老，九老正在葛藟河涘，一時重處，諸親屬銜怨愈深，流毒無已，姑懸蒲不用，以俟其悔。九老殊無去意，而以「意欲」二字懸揣之，此踵二字獄矣。然九老當早屈侍養，萌飽勿揚，使人謂不幸言而中也。襄、大立杖儆。

審得汪金老、汪宗曆之二子争一桃，二妻皆悍，遂至相詈，一赴波，一雉經。族衆倉皇，止救一處。雖河伯還婦，而馬嵬之魂不返矣。前斷宗曆三兩六錢埋葬訖，金老復以爲言。奈宗曆赤貧，通族義助三兩六錢追薦，擬於清明日祠中面與，可以長杜矣。逐之。

審得汪六壽遠出多年，母、妻與幼男居室，忽過客報六壽殁於京邸。母錢氏見其久無音耗，遂信之，令媳吴氏服喪三年，子亦殤夭。有异棍唐子華者爲之説合，嫁吴氏與吕得一子自誠，代婚書唐學即子華，媒氏登鮮嫂爲程守之婦也。逾年而六壽歸，自稱氏兄詣吕，牽故婦而出。當有凌安等令壽立約領還，得一尚以原聘是索。夫吴氏之嫁實出壽母自誤。得一不審來歷，似非知情。且老學究硯田所積，思畢向平之願者，一旦成虚，難以盡没。審原聘，錢氏止受六金，餘悉飽子華。子華遠遁，照提。六壽貧藝，姑還其半，再於程守名下追銀一兩，以資另娶。程守縱妻朦妁，得一匿子不官，均杖。

審得吴魁茂、汪稚高，中表兄弟也。稚高有僕高大祥質於魁茂，皆係二人祖父時事。大祥向在外爲優，其妻連喜係大祥自娶者，而魁茂直以義媳視之。匹婦不知禮法，且又素不見此所謂主人之分者，殊無卑下之態矣。大祥怒而毆之過傷，始則憤然，既則惴惴懷懼，肯立保辜吐賣券，願受大祥贖身銀二兩，亦情迫而甘心，無异説也。此臘月廿六日事。迨正月十二日，大祥妻有起色，乃始理前詞，咎稚高。居間羅人暉稍露爾時魁茂亦頗遭多人之辱，蓋亦出水而取襆之智矣。稚高祖與魁茂祖母親兄弟，何苦爲一僕而損親情，勸喻照前議，爲兩平也。大祥縱妻違教，應懲；以遠出不知，姑免。嗣後遇故主魁茂，莫謂券已獲，遂平遇也。仍杖之。

審得項昭、余應祥，道教也；性高，僧也。兩教并行，無相侵效。然近亦有混而爲一者，此係鄉民便之，亦惟鄉民之意所欲也。一日，王應亮爲子禳星，此原與道近，而諸道俱俗家。中有唆僧往鬥者，逐哄應亮之室。夫僧、道争微利，各遠古人立教初心矣。并儆。

審汪敬，酒家；童鳳山，飯肆，本無仇隙。一日有旌德王伯仁、李敬華、李德之暫爾居停於童，暮夜向汪索釀，飲酣鬥作。次日，保長吴萬禎已爲處酒資明白，伯仁等揚去矣。敬慮旌人多爲不法，恐銜怨貽害，遂訟鳳山以爲張本。總之，酒飯鋪中忿争乃恒事，何必鳴官，均儆。諸旌人照提。

審得進旺四歲，其母鬻身於羅應昇。酗酒，往往得過，羅轉鬻黄鼐。然羅出賈，進旺之母再適蔣元保，旺遂逃依保。保役於許，故又私鬻許尚賓配妻凡二，旺已儼稱許僕矣。黄抱空券，以羅係葭莩，故舍羅而索許。然旺之蠢堪責髯辭，且又母妻皆在許，焉用之哉！合令原賣主應昇自向旺清價還鼐，則杜争矣。應昇暨旺分别儆。

審得吴見春，以七年臘月二十七四更歿於胡賓旅次。同來脚夫汪尚任口稱中途即病，當晚不食而卧，任在門外聞内有將氣絶之聲，急呼主人起視，少選已亡矣。隨鳴坊里，次早詣縣，逐一點視存庫，借棺於坊長以殮之。乃八年四月六日，有吴遇春來認，簡點書信，内失一夾衣，遂疑胡寘匿之。夫人從常至湖，又從杭至徽，死者之良梏無從質辨，莫須有恐不足服寘之心也。且坊長之借棺以遵批，不得不爾。春更無一言相酬、一文相謝，反以語侵之，亦可謂蠢然者矣。細閱開帳，大半子虛，且托寄之物十九彼人，豈能怨枯魚斃雁而必索之哉！棺費着寘償，并警以謝之。

審得李添弟之妻，不得於姑。姑乘添弟遠出，令媒王六嫂嫁於程九，此徽婦之惡腸辣手也。爾時添弟母受聘十兩、牛一頭作銀五兩，添弟之妻父葉德全以李前聘不浮十金，遂有欲炙之色，亦貧子之短計。乃添弟無可應兵，輒誣九有奸。九至一燒炭村氓，知奸爲何物？桃僵李不可代也。合令添弟稍稍盡禮故婦翁，以暫救其困，仍薄懲。

審得葉阿汪前夫葉尚達遺女玉蛾，繈褓隨母適葉玄邦。今笄矣，嫁程善老子，有親伯葉尚年與生母主婚。先是尚年與疏族葉惟芳共爲媒，許績溪胡生于廷之侄，二人竟飫其聘。胡實未見玉蛾，猶以爲尚留宗，不知葛藟久已在滸矣。惟芳不得已，將己妹許字于廷，以致于廷有投鼠之忌，一旦水落石出，惟芳誑稱奪嫁以掩之。據惟芳謂玉蛾爲祖繼女，麻白而長，及官，則面雖無恙，矬而黧，殊無法相，形狀尚未知。乃云同居新往探母，母因留而嫁之，抑何妄耶！且胡爲名閥，玄邦貧萩，非偶原聘，惟芳還于廷可也。仍儆尚年，照提。

審得高四慶故祖高黑九，先年賃葉時寵之屋，毁而寵索償，立券以身質，此非自鬻爲奴比也。及寵老，得受黑九子社明銀十兩贖券，券亦毁，爲立退約，有「永遠無干子孫，不得牽扯」之語，可謂詒媒之善矣。後寵子時采將社明子四慶冒鬻本族人。四慶單户不敵，饋銀十兩贖券。未幾，寵孫葉德又將四慶名投應天方姓，告彼處關提。慶浼張觀應、曾海宇賫三十金，始得返券。夫黑九自贖之後，於葉已絶，即身在已無干涉。况子若孫三世，贖且五十金，末路又從方氏改良，何葉尚滔復唆德生情詐害，率衆窘辱耶？諸葉皆强横，滔實爲首，杖之。

審得洪阿潘之夫洪忠正，先受雇於閔魁筦汝寧典鋪，侵蝕其本，自立服約求退，而依彼地張八，八以女許爲婚姻。越十年，正竟殁於張，潘氏之中州奔喪。有夫之堂弟洪忠士許代爲載柩，且信誓旦旦，潘遂聽之，留路費與士而先返。方日盼其夫之來也，不虞士亦客死，與正共瘞一丘，已而張八又亡，所賴義舉者無其人。今見士兄忠良獨舁其柩至，潘痛夫首丘無望，故迫而控也。夫忠士負嫂之托，爲忠良者能并載正喪以歸，亦情也，何見正棺之半而復掩，視同陌路？奚怪潘之申申切齒乎！若志達乃親甥，汪道生頂正生理，昔正去閔之日，居間逝梁，今皆不爲孤嫠畫搬舉之策，反簧鼓其中，致詞波於閔。三人者，不義甚矣。汝寧去此不遠，令各捐舟車之資助潘氏，俟道路稍平，速搬喪以安存歿。志達、道生、忠良并儆。

審得黄國璽、黄秋老，皆族蠹也。據黄嘉祐稱，遠年國璽爲人作証，致秋老問徒，則宿仇甚深。然秋老未先發，而國璽又從而深其怨，至牽引多人。本縣無拘帖而齊集，此人武斷之力亦大矣。秋老無可抵，亦借叔黄龍華逋爲詞，訊之原、被，俱含糊影似之言，其意但欲互鳴求勝而已。璽分卑，分別儆。

審得汪惟光之墓碑爲人盗去，隨有江應燧、應爕報稱，看山人江時達賣與槐塘程七十。七十知爲盗贜不受，達碎而沉之矣。時達亦報稱，應爕暨其子賣錢二百五十文，何其皆確也。據云碑五六尺，以是日盗即以是鑿去姓名，僅存「明故」「之墓」四字。即以是日毁而弃淵無論，碑甚重大，報帖不載多人姓名，且以青天白日之下，石工亦有口矣，而兩報人俱模糊。此必同謀盗賣而不得，懼其敗露，故燧先而時後，均祈免咎耳。着没而出之，以驗果否。兩報人賠償醮墳，均儆。

審得潘季聖，貧而無賴，取其母蠶筐，鬻於潘德明。貿時潘志先在側，曾爲評價。聖兄季文忿其弟之私鬻也，誣明爲盜，加入黄麥二石、夏衣三件，既無鶺鴒相周之情，又增雀鼠外壯之妄。訊時族潘仲元甚悉其故，猶誣盜不休。不友不睦兼之矣，與貪賤值之明并儆。

審得姚守國無子，先年欲繼江姓，姚族不許；既又欲繼許姓，姚族不許，姚族是也。已而即就本宗之子德元承祧，相安有年矣。正字攘臂而來，何也？姚族徒知江氏諸戚有自肥之心，而不知正字諸人亦懷南箕之翕。煢煢孺子，豈反作無産之人，而乃爲宗祠之用乎！山野愚民，姑不責以大義，惟懲正字原産悉歸元，惟不許江姓人盜鬻，爲姚族所笑也。

審得吴阿余之婢進喜溺水而死，阿余恐人疑其家刑太刻過，嫁禍於謝文烟、吴黑。審時文烟跛而行乞，蓋因進喜偶過黑門，值余大别插秧回，遇雨，下體不蔽，因而相詈。文烟不思蹴爾之人，欲弄宜僚之技，余所以厭賤之也。顧余詞但牽烟、黑而獨不及别，故羅愛德、王再保亦起而覬覦余，誣其與别有奸。余始而尤人，繼而自救不遑矣。訊德爲舊主，已經轉賣與汪復老，而阿余婚書係楊姓，明屬貪心。姑念德老、别貧，着各運土修城三十日，再保照提。阿余夫賈遠方，免，令還里長棺塟之費，亦罰助城工三十日。

審得汪長孫、龔三，丐也；余元、何貴，輿人也；宋高，總甲也。長孫與余元鄰，有病婢桂蘭逃匿其家。元妻往報，蘭主羞而不認，元遂寄同丐家。元、貴探知長孫妻妒，潛往舁之而去。據貴稱，交錢八百文，元稱長孫妻得一百五十文，其中乾没不可問。醉而與元詈，龔三勸鬥，亦成詈。宋高知情，三日始報。捕尉皆賤民之舐蠅血者。亡何，長孫内謫外訶，憤而服毒，已經龔三備棺矣。忽出許遵聖認丐爲僕，益可鄙笑。着聖、元、桂、高各運土修城三十日，桂蘭還伊原主汪千老。

審得江月老、江自禎，打行酒徒；江受組，酒家也。老、禎惟以打詐爲事，組屢與奸人貿易，喜則相緣，怒則相害。一旦，月老偕黨賒釀，組因循詬詈，老等多人拳相杵築，擾攘中組店遺失。近日甚有此刁風，不可長也。老自揣情虧，突出。江申控府，以他事情起攘鷄希混抵。揔之，生理不安，非爲互見。以今時事，獨重打搶。故儆老、禎。其和尚、細毛、蔡、王照提。組惡口招尤，姑念失物免枷，亦儆。

審得宋明宇，鬻飯河西橋。偶有結帽客宿其家，爲宇製頍然之飾，無故而自縊，宇隨鳴地方，已經廳委經衙驗棺訖。突出江右多人，余正禄、楊爾連、方德明等來索賄，宇執死者金陵人，吴姓；禄稱余姓。揔之，旅次暴亡，事所恒有。宇與死者無大仇，居停飲食，志在耀首，何所謀其重資？且孔道小樓，雖經亦非威逼可知也。惟是細閲宇控詞，首楊而次禄，此必深恨傍人之羽翼，而愈堅其洒然無迹之意耳。着量處銀一兩，以作雇值，柩付禄載歸。但禄慎勿借以爲奇，中道委之狐狸也。明宇貪賤工以召灾，汝達佐苦主而首難。均儆。

審得胡夢雲，家蓄紅粉，又復屠牛，居當劇市，非大惡横者，不能一朝安其業。方尚老狹邪游手，時饕餮焉。忽而相鬥，其罪均也。獨鮑恩以异鄉羈旅，遣女爲人小星，向曾托鳳嬌蜂蝶其間。禮成之夕，别有居撮合之位者，怒而索酬於恩，恩與青錢百六十文。嬌銜之，歸而伏毒走詐。則夢雲、朱敬山假稱地方相佐，擾攘於恩室。恩以老向嘗與雲訐，援老爲証。其實二事也。嬌夫五老縱妻毒詐，念赤貧貰之。雲與老慣在聚落鬥毆，奸猾之尤，均儆。敬山照提。

審得方社七，奸民也。暮夜瞰吴華老獨行，雇伴挈其襆而逃。老隨榜索，隨有方德禎往報。蓋未報時，已同翁大女張騰梨將社七鎖禁五日，簡其所負，甚無多贓，僅衣二件及帳目數本而已。諸犯無可饜，故計出於報信也。夫華老稱雇社七時，仿佛見二人，暗中不識面。而德禎詞稱，親見其受雇，悉社七狀貌而迹得之。然則黑影中一人，豈即禎與？念贓隨吐，枷責社七，免刺。禎、梨女奸局成而未得贓，難辭白捕，并儆。

審得黄黑、張闊父母兄弟，皆以拐騙爲生。黑父文助，吴氏之僕，闊母乳黑，稱兄弟焉。村民羅毛酗酒無賴，妻吴氏反目剪髮，爲夫所弃。黑詭稱闊親弟，串媒春老嫂，稱闊爲張廷詔，欲娶吴氏，和誘窩藏程思泉家，將携景德鎮略販。吴氏不從，闊打傷其手足。地方獲報，氏叔吴懷一贖還，轉嫁汪大居，告軍廳。闊、黑俱逃匿，漏網矣。兹因奉本府憲提，里族俱有公鳴，緣黑瞰方受冒之妻鄭氏新寡，頗蓄奩資，黑易姓名，更服飾，串母益老嫂、潘應忠爲執伐。鄭許諾，先令母密運衣物，事漸彰聞。蓋方、吴世姻，冒女現爲吴媳，黑父子係吴厮養，兩族鳴鼓攻之。文助懼，立服約，願遠徙他鄉，而黑反以鎖詐瀆告。據里長吴希民等呈列，略騙多款，未到者姑不蔓究。即吴氏一案，黑、闊二犯罪豈勝誅？姑薄杖。其餘如程思泉之窩囤，文助、春老嫂、潘應忠之黨惡，各責懲，免擬。

審得金社福之僉甲長已久，一旦毁牌，與保長孫六争。其母悍也，六駕虚。福髯如戟，而詞稱年甫十六，均屬無知。姑免議，承役如故。

審得程四、洪闊、美之、趙臘梨皆市井無賴。暮夜群嬉，四攫梨網，露秃鶖之狀。梨拒之，衣袖爲裂，遂各散去。梨猶能脱衣，倩闊家縫紉，其非被毆傷及憤而覓死可知也。闊綴完覓梨，已不見。次早，溪有尸浮，先經坊長程文傳等呈鳴，隨有趙宗達具控，指程良父子毆之。然落水抛河，情辭兩异。比必醉歸，踉蹌失足墮水也。據文傳稱，尸衣無血痕，益足證其不起於毆。第念宗達夫婦老矣，令良給埋葬銀八兩以慰之，并償坊長棺費。四、闊、美之均儆，以爲姗笑人之戒。

審得程恩之僕程醜與劉正之婢天喜，以居相鄰，調奸有日矣。八月五日，天喜久出不歸，主家尋覓，浼鄰孫之志同總甲王天德迹至小北門外方麻冬家，排闥而入。醜、喜從後門奔遁，當獲喜遺衣一件、錫碗一隻，几上酒果杯箸尚存，蓋方對飲而驚散也。喧哄彰聞，醜懼罪，且怨之志發其事，乃服毒登志門圖賴以死。未幾，天喜亦服毒來，同殞志家。此奸夫奸婦自作之孽，何煩別生枝蔓乎！程恩不戢其僕，致污人壼閾，反借命駕詞，指及正妻，之志代人捉奸，麻冬縱容苟合，并杖。

審得胡大謙雇於姑蘇程正倫，以今年四月辭回。五月初九日，船至漁梁，暴亡。比經坊里呈鳴，本縣親簡，其行李蕭然，内有相書，似工相術者。衣物之外，有銀八錢，即令地方備棺盛塟，餘裝貯庫。後謙母胡阿范以命訟。雇有契，報殮有人，謀殺抛尸之詞過矣。但謙死實繇病，身未抵家，倫當念其相與，稍助首丘，亦情也。慳而致訟，擬杖。着出資搬柩，付謙子胡真領葬。

審得吴九兒、陶三即程三、陶別、程繼老、鄭五老、洪頭毛，皆横山積賊也。本月十三日，九兒赤身持棍伏於横山廟右大塘之下，爲巡緝兵快所獲，送巡司供。巡司供報，每日同伺草莽剪徑者爲鄭五老、洪頭毛，每夜同爲穿窬者爲陶別、程繼老，開賭場爲窩家皆陶三，爲諸賊之渠首。故當司兵緝捕，則抗毆不服，反駕詞歸咎舊仇之梅柏。柏案結已數年，足見誣妄。據九兒供報，竊過十四家，贓俱花費。追求勢必蔓延，即身藏當票三紙，總係盜贓左券。九兒刺決，與陶三、繼老、陶別枷杖，陶三仍逐徙境外，取里結以絶盜藪。五老、頭毛照提。

審得江觀義與尹仲博，仲見其妹夫吴家憲可詐，捏稱已有牛馬憲盜去。訊之，牛係義之父江泉牽以償婿債者也。在義或致憾其父，而梟盧之人妄稱黑犢，鄉愚幾不免程聖有報，係方黑家搜出贓物。鮑生有控，細研之，一科爲黑妹夫，曾以他怨與岳母阿霍有言，故往鳴於鮑。然起贓而後報，已覺可疑。又磚藏黑門外草下，瓦藏在灰屋，磚僅十八塊，據滿稱廿八塊。暮夜犬吠，迹至黑家，當獲盜，止黑弟兄兩人。今觀磚頗重大，以二人肩此，又蓋以瓦，又有餘功埋藏，且鮑生告詞止有磚無瓦。黑口中稱尚有瓦，科、正報詞并稱磚、瓦俱有「鮑祠」字樣。磚則有之，瓦從來無冶字者。情詞各异，果非黑盜也。在科，見傾圮之墻堪取而誣其舅；在正，慮典守之責，急謀以實其人。鮑生欲問盜，問此兩人而已。着科、正葺完，并儆。

審得余萬才子往山東，遺媳在家，與姑不合而縊，徽俗也。徐立功爲妹索命，意在分奩，不知方殮時，已送敗篋遺簪與功嬸畢氏，今盡歸功所。一木工安所得多金以飽遠客之欲，功亦可以已矣。萬才雖在外，然不能訓其妻，致御媳過嚴，稍儆。

審徐汝德遠歸無事，忽指趙家塢地，云是祖業，出嘉靖年故契，詭稱納糧已久，然無收附可憑。訊佃人，出一紙，係王從先家承祀。先之碑雖剥蝕，乃係孫氏爲王遠祖外家也。相傳春秋有年，亦莫知其自來，故無契無税。夫事有清楚之極而反僞，有朦朧而反真者，顧其情之近理何如耳。里册混稱徐地王家，其上萬曆十年載係父字號，然嘉靖爲天字號。月更日改，上下陰陽，烏足信哉！其爲遺漏莫考者近是。德、常互爲狡謀，均儆。

審得新安包攬之棍充斥城鄉，彼已立有津貼自肥，臨比雇人受朴。稍不當意，即假國課爲谿，告害無干之人，或行關隔府，索取酒食盤費，而不納糧如故，如汪公道之於汪映斗是也。斗已物化，妻子維揚未歸，傍及斗岳吴仕祥，言其綜理彼家政，何據何証，公道何在？儆之。

審得程文湯女繼程接孟，嫁黄四十。嫁一月即遭回禄，畜豚又瘦，夫婦怨貧，未免歸咎婦之時命，妻以爲生不如死。俗夏月然信石驅蚊，鄰婦慶嫂適鬻之。買歸自鴆，殯葬訖。文湯恃其朦瞽，意在乞憐。然刁風不可長。且鬻女之日，父子之恩已絶，接孟獨非養父乎？何竟諉之禄命也！湯以廢疾，免議。四十不能安貧，變起閨閣，稍儆。

審得孫若文，父賈於外，少不更事，向佃户胡宗賢借銀。一則貪利，一則以爲吾佃也，易與耳。盤筭至十八兩，私立契，竟賣與賢而不過税，賢亦不償租，居間又物故。比文父玄龍歸，而盡發其事，賢抱空質將焉用哉！然實借銀數，文與賢自知之，除息抵租，本應處還，業仍龍管。至朱社生一契，係文當銀局，與賢不同，無所詞説也。賢私買業於田主之子，文背父私鬻，均儆。

審得黄希禹有痴疾，諸棍吕之和〔一〕、黄國良、黄良柏、黄良卿、黄起鳳蠱誘有日矣。共盜黄金聲田鬻於巴學，金聲歸而訟訐，禹願以産償學。松、柏、良、卿輩昔共瓜分禹償者，各立券，或屋或田抵還禹，而半成消亡矣。學今欲交業。禹父遠賈，禹實背父私立券者，畏不敢與學，所以控。然學亦有過焉，始焉不審金聲之産，既焉止勒禹填母黄阿程名目，禹父在浙竟不書，豈成交易？是學特放債之老手，而非置産之確着也。諸犯有約，在禹之業俱立歸學，餘俟禹父回日清楚。松、良、禹，儆。學權子母太苛，亦儆。良卿已歿，弟良相承業，着清還。良柏未到，另結。

審得任必達子擇婦，曾浼進安嫂撮合。草書年庚，乃媒氏私出諸袖者，非納采、

〔一〕「和」疑當爲「松」。

問名之禮也。據稱有書禮四兩爲仲達受，而進安嫂催之，任欲强之。李實不茹，安能以「體面」二字委禽耶？且今達女已字矣，疾足得鹿而徒爲犄角，無益也。一辭之不早，致夢中空費紙札；一拒而猶戀，致庭際兩歌屋墉，均儆。

審得莊光顯，往歲家製銀飾，必王東老。東老近亦老矣，造作多不如法。有吴忠憲者，原夥東老，今藝精，另肆。光顯與老有隙，遂陰用憲。然東老當自咎其業之不工，而顧偕弟六老伏已店，乘憲過出而相毆，得毋太强乎！二工并儆。六老助力，并懲。

審得程氏，程法之媳，其夫外趁而貧。久出在外爲炊，即興才之肆。久居兩月，人人得而妻之矣。觀賜鰥魚，吴觀一以地棍而作蜂媒，賜遂歌《蔓草》焉。於是程法出而以奸拐告。何不鳴於初寓興才家之日，而乃垂涎已嫁，皆觀一、興才之愚，而孟浪致之也，并儆。若程氏，則仍聽其去來可矣。

審得方一禄之女壽嬌，崇禎元年鬻於方可度，今且適人矣。據方善稱，一禄在日，曾當善銀，然則未嫁之先絶不一齒及者，何故？即有之，亦一禄之重鬻。禄兹逐虎爲倀鬼。嬌又出閨，彼娶婦之家既無二聘之理，而遣女之家斷無償債之事。善抱空質耳。矧居間禄兄一福堅証，度券真而善券僞乎？善宜儆。度以他訟窘善，致善再圖報復，并議。

審得汪國梁，賭坊之長，方和尚所以失衣而向梁托其查訪也。已而果偵得天才、吴福初生平有竊行。然尚衣未還，而梁之索酬日急，遂至分顔。梁先捏控賭棍福初，稱係天才盜得，暗爲解紛。徽俗呼盧之客未有不爲盜者，不可勝誅。責儆國梁，刺決天才，以例其餘。

審得鄭阿程之夫鄭頂宗未生時，其父伋螟蛉一子名鄭天壽。頂宗三歲而孤，天壽撫之成立。以故弟兄相議，壽得舊屋，宗得新屋。舊屋租户范君錫者，酒肆其中，頗戀戀此地，意欲之而無繇也。壽龍鍾，自分殁後無可殯，舍宅入寺。雖然此議當發自頂宗生前，無奈阿程之心不夫若也。於是族有國祥者，爲程生德先居間，然鄭氏之徒俱不直。國祥本啚里甲，因而不直君錫，衆怒難犯矣。且阿程自有得分新屋不賣，而賣天壽者，何以服通族之口乎？合將天壽舊屋暫寫入公祠，俟壽天年盡，爲殯埋之資，以存伋與頂宗當日厚道。其餘仍是阿程懷抱中物，所有俟其成祠，吐還可也。君錫、國祥唆使運籌，均儆。

審得姚大老之媳死，子社元僅十七、八耳。有汗應者視爲奇貨，唆阿黄以命控。訊之，乃諸汪來吊大老，飲以腐酒，衆便取其翰音而去，此餔餟小過也。應之生波與大老之不成禮，均儆。

審得楊阿孫之夫楊清，先年挈家營於夏鎮，妾謝氏生子天相，十餘歲歸里，今四十七。妻生一女適於汪，妾生一子之盛，宗族里戚無不知清有子孫也。清八十餘，秋月病甚。忽有從侄天植者，欺相孤立，突生异謀，初以定繼誑呈。其時清尚能手書作遺言，叙述父字生平本末；及易簀之際復再批册，未及遺叔楊玉暨姻人甯敬斗，書極抒恨植之語。其抱憤九原，可知也。阿孫鳴控，植尚詞誣天相爲夥計李小繼。訊相妾，爲李繼白之女，即生之盛者也。以妾父之姓加於相，徒自徵其僞耳。且族長楊玉証植之非，植便指玉爲讎。閲清書，血痕斑漬，詞甚凄慘，阿孫老而嗚咽。卅之乘人乏嗣而争者有矣，未有指四十餘年之子爲易馬者。夫枯楊生稊，彼倀倀者欲指爲李，即取斧斤以伐遠楊可也。姑念廢疾，薄擬其子國煥示戒，仍給照，杜後。天相不合於族，并儆。

審得鄭荆源，醫吴質之孩不效。質欲改醫，荆源不察其爲不治之証，願立約包謝。術不工則有之，以爲用意則非也。無何而藥肆中忽負死人，亦當自耻矣。乃父子猶頗自詡，何也？查原受過質藥資數十金，以其半償草木之費，其會票十五金，應源吐還，以銷質喪明并鼓盆之怨。仍儆源父子。

審得明德、自詮、明惠，湯寺僧也。寺在黄山，其人不但不守戒律，且獷悍，習爲盜行，又有土棍程自純等佐之。諸僧指名修葺，日尋斧柯，即山主知之，亦莫敢誰何者矣。諸生汪起龍等，於萬曆年間合置一業，原係價買寺中廢地，契税兩明，事更四代。灌木叢陰，奇峰怪石，龍等建别業，蓄古松，一望參天，匪獨爲黄海首勝，實一郡秀色也。數年以來，諸子晨星，明德等遂童其山，硆砑合抱，俱成送死之具，通國文墨靡不嚼齦惋嘆。今八月，又率程可先等盜砍。龍等會里保面獲四十餘株，老衲來悟立領，當鳴縣斷，令歸汪，已而旋失。悟亦盜魁也。乃諸僧猶不悔過，執僞契出争。倚此湯泉，思燃寒火，即使果係精藍，亦當培養鬱葱，護持名勝。况山非己有，横肆摧殘，惡浮於洞庭之赭乎！杖德等，追悟贓，給示垂戒。嗟乎！佳地已不可復矣，髡肉烏足食哉！

審得李繼買業與程初郎，券出東至路。路内尚有地少許，在初郎墻外。今卜日營一灰倉，繼以爲罩占而聚衆相毆。據原中李應兆云：方初郎圍墻時，已侵繼界，何以不早清，此猶祖繼之言也。獨是初郎小有造作，不告繼，繼不無含慍以待。斯時若有善調停者，出一杯可了局。而應兆身爲黄册，又屬繼族，姑坐觀成敗。少焉，初郎之父受拳愈恨，而不肯甘心矣。「東至路」三字，便是鐵案。路以内，繼安得稱有税哉！儆之。

審得孫文實，以事長繫嚴陵，其居停吴正位實代爲營脱。文實鬻舟免爰，當時亦心知文實不無因而染指，然感恩不暇問也。痛定始理前事，遂心怨之。適文實之舟上新安，實偵之而修隙，登舷相哄，文實勢孤矣。據稱搶其帆索，當飽君信家。文實亦宜自反，備資贖去，豈不消此冤對？且徽、嚴接壤，兩舟上下，時相睹面，獨不爲他日地乎？一二舊惡未平，均儆。

審得徐氏下垢祖塋，歷年三百，子姓頗蕃，無敢擅向松楸間問形氣者何物。徐見明忽以父母兩柩葬於其上，據云已有分法。然以雲仍而雁行其所自始，纍纍故鬼反在新鬼之下，即明能自安乎？自不安而謂父母之魄安，從此得徼餘蔭，必無之理！且纔動一抔，諸族數十人如徐成禧等群控，地之不吉可知。夫振振比户，尤而效之，置鼻祖何地？速令乘冬殘起舉，俾完形氣，未必非明福也。杖以平衆怒。

審得鮑敬從，無賴者也。有女鬻於鄭建中，逸出，從便居奇索人。越兩月，而廿二都塘浮一婦人尸，從謬認爲己女，又以命控。爾時棺殮者爲里長鮑正云。據稱從出其女鞋，與尸之一彎不類。且女髮方覆眉，而尸髮可委地，其誣妄無疑。姑不深究，以老而貧逐之。立案免後釁而已。已死者別緝另結。

審得婦姑之間時有佛語，晨出則暮忘，慈孝可如初也。自媳之家，父母兄弟與其事，而婦始不便即承歡矣。自姑之家，叔伯妯娌與其事，而姑始不便爲優涵之意矣。如鄭天保出外，其妻時嬌初適人，或偶失姑意。保堂兄鄭陽助嬸，又佐以陽之父德，於是嬌兄何大黑往探其妹，稍理之，亦佐以黑之父何積女。天下本無事，庸人擾之耳。兩儆黑、陽，而家庭自融融矣。

審得劉狼即鮑狼，習惡少之行，與程炫隔宇而居。炫家移厨於樓，力微而銜其半，狼以挺助之，口雜非穢，蓋忘炫之有嫂在側也，炫從而詈之。狼竊不自反，鳩兄弟無賴相鬥。程亦應之，頗負。凡毆，先論理誰直，次論力誰强。應稍儆狼以修睦。

審得項玉老之兄繼老，雇吴嘉孔，工錢不過一兩八錢耳，豈有因索直而殺之之理？蓋緣病亡，玉老立領葬訖，孔又助資移柩，原中吴君父能言之。一旦玉老之母以命控，是殆欲起土中之陳人而簡之矣。爲問鳳嫂昔何以押字耶？又研起釁，乃嘉孔疑玉老向其兄裝中獲得一券，往冒取銀十兩，屢索之，而玉老始駕虚圖賴也。均儆。

審得程泰禎，排年中之不完糧者。携群飲於程可超肆，既醉而出，探囊無錢，强以帽質，超弟可問不允，因而忿争。是何其無耻也！已經該里筭清酒直二錢，着速楚，仍儆伐德。

審得朱牛、朱德常皆琢石爲業。石之爲物，重大近宕，未經磨礲之石，不值數分。以同宕而竊取，藏於家内，愚者不爲也。且非一手可携，豈無同夥？而常妄聽己僕潘觀老之言，謂朱家有九塊。里排往驗，則私記模糊。據稱常圓而牛方，此難懸坐也。二匠别有忿争，常駕竊而牛稱租，俱虚也。并儆。

審得程阿羅孤婺，有孫大來，幼而出賈。家有諸侄如廷恩、時諫輩，皆思侵漁之。羅有墻脚賣與恩，時諒等爲居間。其婿梅勝老亦不肖，思欲附名染指焉。諸程狺狺不許。勝老先訟府衙，於是恩控縣以敵之。訊時，阿羅稱紙筆與銀俱未見，總屬猶子爲政。夫大來見在，恩、諫遂私相授受，婿又從而覬望，何其兩不恤婺也？恩、諫、老均儆。墻脚已毁，姑追直還阿羅。

審得黄大成子黄牛，初與葉黑九狎，竊父資而出，輔行者九也。牛至淮陽，遇所謂汪乾初者，牛舍九而夥初。九狼狽歸。牛父母執而索子，立約跟尋，自陽羡訖姑蘇，俱不得，又狼狽而歸，尾生良苦矣。近聞乾初又在淮陽，大成誠欲見子，應令初家走信促還。然黑九業立限約，上天下地，仍宜召訪，同去同返，何説之詞？薄儆。

審得方良茂爲方良度、方再揚開典衡州，議定包利一分八厘，無异説也。已而良度之父應徵，見他典之頗寬，中悔其薄，必欲加二厘。再揚已筭清受訖。良度蠅逐之徒，亦欲照侄而權子母。無奈從肆交盤而歸，良茂貧矣。曾有七十四金之約在良度處，尚不能即楚，又無再增二分，茂所以争而犯分也。原處人方恒新議，諒加十金。在良度未免艱苦，而何益於良度太倉之一稊？良度所以攘臂忿忿然，二分之加，畢竟蛇足。在肆則即以度、揚之物償度、揚，歸則窘漢耳矣。願爲富翁下一砭，良度姑市義焉。一放利，一不弟，均儆。

審得姚大金，箍桶。夜歸，過汪三之家，小貪而取其竹籬數莖。三知而毆之，足矣。又盡奪其桶，具交程道生，及鳴之里保，此酒食之媒也。金老刁先發，頗類蹊田奪牛之着。大金葺樊，道生還其糊口之具。免供。

審得程元政之弟淑政，與劉應楨同賈於玉山，所携銅器不過數十金之本。以疫旅殤，應楨爲之區處喪事。淑政彌留有遺筆二紙，縈蚓綰蛇，言之歷歷，遺本數兩，載在敗楮。應楨歸，而元政往索其帳，言語牴牾，遂成雀角。夫脊令之章，原隰是求。元政頗饒，孀婦藐諸，分所不可逃，即奔喪，亦誼應爾也。帳已分明，應楨可出疑城，但須同往，庶無差錯耳。一報遲，一疑誤，均儆。

審得徐雲龍之妻，舊是獻笑者，然已從夫矣。許觀老以市儈負龍牛價，與龍相毆於周有思飯店，老頗受傷。然謂挑其妻而得拳，并失囊銀，則可笑矣。老有平原璧疾，又褎如充耳，何所風流而詐言耶？雲龍恃强，觀老誣揑，均儆。

審得吴明老之岳，宋國卿之僕也。國卿因念此僕紀綱，曾撥田膳其妻，係良字二百三十一號，名金山口。明老於天啓年間將取而有之，已經告訐，税存宋户。顧明老當時或私賂册書，以求背割，計不可得，今乃欲竊賣此田。國卿知而阻撓，於是索前賂，據稱過付人吴宗泰死垂十年矣。且明老無契，無推單，徒以空言混賴，因而犯分。豈以僕婿遂等同儕乎？杖儆。

審得趙良梓，刁棍，素往割妹之潤。妹不過田姑耳，其家數椽，一姑一叔一子。叔鰥嫂寡，無嫌可避則有之，奸則無據也。乃有以里長公舉其瀆倫者爲程應大。應大稱吴貴壽同謀，貴壽稱良梓發縱。夫良梓果執大義，何不興一詞，而乃陰爲播弄？其甥十餘歲，頗能道舅平日借貸及毆母傷齒狀。此直要求不遂而然，而忍於揚醜。三犯無良，梓其最也，均儆。

審得孫阿劉之子天兒有篤疾，而往俞大順索銀一錢八分。大順雖他出，其妻能善言，可以免於難矣。乃惡聲相報，越二日而天兒勿藥，醫生饒丹丘能言之。阿劉，婦人之識，因居相鄰，唆天兒彌留再至其家。大順挈家遠避，尸横中堂。本縣過驗，見其腹陷拳握，周身無傷。再研坊長并孫觀賜，則廿五日之争，大順已歸而償貸矣。然則廿七日之不繇於鬥，可知也。獨恨大順反以借命打搶相葛藤，應以妻之口業罪之，着處還代殮棺衾之外，再出埋葬銀二兩五錢，阿劉之夫孫福領。仍杖順，以訓刑于。

審得程可行以黠吏腐儒妄談理學。子一匡，游方賣藥，托形頭陀，俱浪迹於外，踪迹固已詭秘矣。族有祖山松木數株，堂嫂趙氏伐之爲薪，賣程爾孝銀二兩一錢。其非參天合抱之物可知，有何傷祖？今歸告堂侄程兆元爲盜砍，及趙氏與姒汪氏到官，執稱木應三股均分，二嫠與元應得其二，可行父子應得其一，止七錢耳。講學參禪，數年廢祀，皆二嫠代爲蒸嘗。言及於此，可行不生空桑，尚何屑屑錙銖，忍若敖其祖、侈吻心性乎？此難以共犯原，行、匡并擬杖，招詳。

審得汪文用，胥也。汪尚有頗疏於財，倚胥以雄於閭里，曾緩急而不較。文用以頂首當胥五十金，雖有券而無中，又無見付之人，意必借者之數欲如此，有任意與之而不足，兩人俱歡。殊不料後之相訐也。一旦文用先興詞，此誠負恩者矣。然有又出一簿，爲文用親筆，上亦載本五十兩，後陸續償過九兩零。細研「伍」字用「人」，而「十」字僅一横一竪，逼近楮盡處，似乎蛇足者，則有亦爲德不卒矣。着該里處明，二以蠅頭，遂乖棣誼，均儆。

審得巖鎮舊承八差，有三十餘典，今消其半，僅十八典，而餉如故，所以屢與城典相訐。本縣近廉鄉村米當私典甚多，許之報攤。然不得妄指也。據方先稟，十一人内如程濟美，此私頂承恩者。承恩未遵納餉三年之例，此應補納者也。如練龍山、張振先，此已幫城典程全五錢者也。如汪廷詔，已給牌輸餉，而先等指其合弟廷育爲一人。詔稱育即乳名，此徐俟後查者也。如託山、程典、程執以爲即中翰一照之鋪，而先出其票爲地字號。此當索中翰之票爲何字號，以决是否者也。至吴鼎則以躄者對簿，此應幫先五錢，如練、張之例。至澄塘吴典張明瑞、張時來、方道、程齊皆私處津貼而不官。近奉核其典本之檄，信如五典，何以定餉乎？着嚴提，議幫程濟美在休寧輸餉十三兩，逃歙不滿三兩，狡脱應懲。廷詔、託山，查明另結。練、張、吴皆儆。

審得徽俗逢收穫時，棍即擔酒食於田間，强銍艾者使受，每乙壺硬索穀五升。其升甚巨，不如意即肆毆。仇進旺爲汪福孫逼受二壺，滯秉狼戾而争。懲福孫以儆。

審得許祐，自稱有銀三十五兩失去。始則疑汪以晋，蓋以晋中途相遇之人。據稱舟覆無依，何慨然付之負而不防也？且晋又曾與同行羅姓之人將二家行李作一擔，輪挑廿里，安知非羅姓者之奸乎？且祐又曾雇驢代步，被囊稍在祐之胯下，晋倘竊取，何不於追騎後至之時從他途逸，而必偕宿逆旅，更同至其家也？又可疑者，三十五金非至重大，甚可腰纏也，必藏之食簍，緘縢牢固，度非數刻不能封識如故，此豈道途之事哉！至轉疑同行之吴德瑋、許弟，則更誤矣。德、弟爲叔侄，并不見知其有銀。或者同住逆旅，待聖、瑞二日，未必不行於街市，安知非肆中之調换耶？

銀以布裹作二包，而遽易以石一袋，祐什一之人，寧不探手即駭，而顧什襲不置也。失銀是真，孟浪亦真，歸而細訪之，本縣終不敢妄以賊坐人也。免供。

審程春元父子與牛牙程三十，日以盜牛爲事。饒一俊，小販，亦嘗往買者也。徽俗喜食牛，故多失牛。一俊鳩楊婢妾等指元所牽者是私物，言不可謂無據。故以父子多人而聽其交於王成之手，不然成何人，斯敢領人圈牢間物哉！春元、三十惡業不除，兼以貨物未明，均杖。一俊力弱而訐人之短，姑免科。王成着嚴提，并牛另結。

審得范恭善、范良善，欺范阿任子細毛稚愚，强往借麥，里長鄭一魁過付是真。雖同族未至打搶，然其意殊未見恭良也。偶因塘魚小事涉訟，亦足以見天理之發見。責懲。

審得吴天貴，見鮑揚爲人碓麥，持零以歸，疑爲盜物，索其酒食。程大洪與揚同業，貴毆之過傷。吴細毛者，里役也，勸解不協於洪。洪家主程起蘭遂借奇貨，咆哮其家。會毛妻病死，於是以人命相抵，而洪、蘭反有議和之意。今洪無恙，則毛之控似覺無味，姑念人亡，免科。程起蘭恃强借題，儆。其意在染指。天貴倘懲，照斷。

審得姚虹溪，販米至徽，於嚴陵雇梭船十隻，至深渡點視，則已損折多米，蓋長年自分至休寧，沿途竊留也。其最多者汪文魁欠十石零，并袋俱失。文魁與徐福弟先逸，餘吴祖等八人不過數斗，已經官牙姚玉昆、里長張鳴甫、店家姚相細筭，應償溪八兩零。夫既立約則不應復留其船，而虹溪牽住岸上諸船户，急則計生，乃縱火自焚一艇。會文魁之火頭童順以老疾死，於是虹溪始惴惴危懼。初猶恃地利，既則惟求解脱矣。而吴祖徐徐出詞，置焚舟而單索命。嗟此童順，以身脱諸長年之厄也，原欠約塗抹以作葬埋之費。棺着順弟領還，埶資原出自里保，虹溪所不得辭矣。餘如篙槳篷籆之類，該地方不得仍留，給還。虹溪不揣時勢，舟券兩勒，稍儆。

審得章福、葉一生，計窮樗蒱，生心胠篋。三月十五夜，窺翟揮使宴客，門未下鍵，潛入捲竊衣物，開後門而出。捕快踹緝，二犯并獲，并寄姚時家通袖員領偏單，皆戎弁之服，續於各典起出原贓廿二件，皆經主認。其未獲多贓銷費無追，募延時日，合將二賊擬跕配招詳。姚時受寄，念不知情，擬杖。賭棍吴三陽、黄瑞甫逃匿，照提另結。

審得徽俗婦死，其婦家之强有力者，公然率黨及輿擁婦人而唁，搶鬥蜂起。先掠奩而去，後始挾棺衾之厚，輿馬酒食之費，徐徐索命。其志廉者，僅求荅帛而已。汪惟禎妻亡，其妻母吴阿程、妻弟吴士美至，非有羽翼之衆也。禎適他出，禎母、汪母、汪阿王待之不甚厚，已不愜矣。先是有遠族吴延齡、吴肇元者，登門吊之，禎答儀每人五錢，今僅布二匹，安能不較量而生怨哉！着禎再贈美布二匹，一酒謝過，猶然親戚也。美誣捏，禎親疏不分，均儆。

審得巴黑之船雇江八觔駕，自嚴而徽，失客吴斗順之麥一石五斗。斗順質其篙櫓，同黑、觔在姚百純家筭明，應償六百文，合借順銀一錢五分，共七百五十文，係黑面認，將錢取器矣。歸而往怨八觔，有别覓長年之意。觔服毒往賴，返殁於舡。使果繇順也，順居停百純家，宜足迹一至矣。據坊長、觔妻阿汪稱，先以白紙投，後忽换字迹，阿汪苦執以爲係黑代寫，即觔弟福老亦質黑不置。獨是受雇而竊客貨，致累賠償，即有一二咎言，亦理之常。八觔小人，輕生無賴；而黑必多方諉卸，殊覺市狙之氣太烈。着處助喪銀五兩并償棺費，阿汪領埋。仍儆黑爲戒，斗順以留物致黑生情，并議。

審得汪喜才之主母，吴阿凌之姑也。喜才盜凌瓜，凌往訴其主母，主母切責之。才獷悍异常，慫恿其妻服毒將盡，負至阿凌之門而死。七月二十日，阿凌具告，實夫叔吴明全抱狀。才既委尸於凌，八月一日控詞又舍凌而牽明全兄弟及其侄細老、大老，蓋阿凌子外趁，凌龍鍾故也。締觀明全已六十矣，才妻四十餘，有何奸事？全住溪東，凌住溪西，爲奸爲打，俱屬烏有。倘屬明全，何不負之過溪圖賴耶？而野奴犺狠跳嚷縣庭如此。彼其主母安能令之屈膝阿凌以謝過，其妻又焉得不溝瀆害人哉！矧才証張有儒亦面質其誣，有「無天理」之語，恨其主亦遠趁，無戢僕之道耳。喜才盜蔬是真，妻係短見，有主母在，不得妄及無辜，明全失於抱狀，并儆。

審得汪龍，不得於母，繇弟文安也。文安善事叔德盛、德榮，故二叔挾嫂而來。母既告子，應責矣。龍不甘而訴弟文安，文安逃匿。德盛苦執非安罪，且云次侄貴老何以阿吴不告。初聆之良是，及訊，貴老云：釁皆文安，叔言亦虚。於是德盛遂并言，貴老平日亦黨龍搶母之布，二兄瓜分而不及弟，是自相刺謬也。且安故胥也，龍、老皆農人，無分財獨厚之理。寧獨文安，蓋二叔與有力焉。姑念倫理卑幼應忍辱，免供。文安嚴提。

審得汪文寘、黄權充孤貧小甲。凡收養人口指答領拜見常例酒錢、燒福折乾等費，需索無應，即扣其口糧，或雇倩乞兒，執牌冒領，已故名目自肥，奸僞種種。外飾爲貧子，實富人也。汪興不甘赴控，其受制吞聲者不可勝計矣。今研興借約，係當吴應奇之銀四兩三錢。應奇至，訊其名，隨口而認，形狀與寅、權不甚相遠，豈工子母之術者？明係地棍，杖之。寅、權革去口糧，逐出，其需索常例盡革，立榜垂後。

審得鄭可登、鄭可魁，堂兄弟也。樗蒱之戲，可魁田入登手。即券載方姓，方又轉吴，何其速也？魁父德理歸，往收租，忽有吴姓之人至田與角口，不勝，默默而去，情可知矣。細研佃户胡岩老云，累年輸租與理。而登稱田係崇禎七年出賣，魁輸租久，其轉賣吴，亦魁居間，其爲梟盧無疑。於是登父德熙以奸妾控，指可魁賣酒，兄弟輪奸。訊之，名荷花，挈瓶出酤，此豈小星行徑哉！熙誤於救敗矣。至德純貼詞稱毆叔，純辯其投匿，或德理之虚張疑兵乎？田着可登贖還，仍與魁并懲，理、熙舐犢，各儆。

審得程應震，死而無遺資，族人程昂爲出衣衾，甥方道謙出棺。昂則高義，謙則原負有六兩故也。二子尚幼，係妾胡氏生。胡氏欲嫁，亦迫於饑。然獨不當鳴之族長及原助衣衾者乎？而第憑房長程希文主婚，云青錢五千，再適方軫中，豈理也哉！軫中育震二子，長聽歸宗。如許葛藤，不立一筆墨，殊覺草草。此程新所以控也。於是族長程在田越二十餘日而連名相訐，稱震有遺資三百兩，出一合同遺囑，然不開遺資數目，止書一行云：另單付妾收執。世豈有合同二而單一之事？此贋鼎也。細研其携有器用或真，軫中雖有撫孤之義，而時日正長，未見竣局。應震一棺荒涼，宜掩之程氏祖塋之側，則胡氏之出閣有辭，而程衆之兵不舉矣。仍杖以謝之。

審得汪春暘，許三讓之妻父也。春暘借三讓錢一百十九兩，在崇禎二年，初議包租二分也。後忽合本，則利應瓜分矣，所以三讓同程華林至濮州往索。惟時筭帳者，春暘侄汪燦文也。華林不善居間，竟往控州吏目。春暘曾計縶之，三讓始伏處。除前收銀二百六十兩外，再增五十兩，立有收領而還。還而創痛，又有華林嗾之，遂以獸親訐春暘。夫人之好利情同，誰肯以議定之息再有增益。增益者端爲後有合本之議耳。事在濮而修怨於徽，即欲曲爲三讓再畫蛇足，其如領墨何？又研春暘之子應宿僞增底帳，後暘妻誤授其真者，爲讓所執，故嘵嘵不休。合以其罪罪之，與犯分之讓并儆。

審得凌求老之弟四老，持米粿易稻田間。凌全老之子承祐以賭食相戲，食盡索錢。因争粿直些微，二母各出護其子，相詬，而求老之母老病，抱憤飲滷，越三日而殁。次日，鄰佑皆有剪牲解煞之証。死繇毒發爲旳，則求老兄弟失於阻救，不能無過，姑念失恃原之。第全老係同姓戚屬，事起村媪口角，雖無威逼情形，而求老兄弟貧寒可憫，杖全老父子，仍斷銀十兩，助其奠葬。

審得宋太先，七歲鬻於縣前姚珍，今十四矣，有産業不明。以縣前之人，豈不能即出而爲僕清理，何其需也？據所告，宋別老、太初皆遠鄉窮山之民，干証吴滿老稱，太先之父盡賣無餘，始賣及子，斯言良然。責先之妄，免供。姚珍不到，照提。

審得周文禮之子尚忠，與程來茂同樵，途遇鄭應壽索酒資一錢二分，言頗穢。忠不得已還錢五十文。程邦適市鹽歸，所親見也。此九月廿九日早事。至暮而尚忠與父、母、妻四人求宿於鄭四十家。四十，爲人守墓者也。斯時亦不言曾服毒狼狽，止稱欲過溪無燭，虎狼可慮，且又患病而已。中夜忽叩門，令四十買鴨刺血以救。迨曉，云少愈，至次夜而殁。然則爲時非不多也，何死者之無一言，直至已亡而始追咎索酒資之人，鳩里劉承誂往哄應壽之肆乎？據應壽稱，忠盜王姓之木，懼而自裁，以王族難撼，故嫁禍於己。此亦難憑。獨尚忠詐端將成，天奪其魄，文禮亦失於嗚之不早耳。應壽索錢不時，與生事之承誂并儆。

審得莊世良，朵頤絶嗣伯母，故而有産，思爲義舉以分之。其伯葬高山，伯母殯鮑坑，與莊繼儒之祖相鄰也。九月晦夜，令僕永爵雇工應老往徹厝屋，而誤走儒祖處，竟舁合壙焉。世良知而挈妻以逃。於是繼儒聽楠兆主謀，擇肉而食，指世武興戎。臨訊，永爵供吐甚悉。第良既不可執詢，儒祖豈宜長眠他人之側？莫若以好義諉世武，計舊殖磚石猶存，僅須灰工耳。仍令爵、老舁還，則儒可相安矣。楠兆冒認己祖出稟，匿不對簿，與世良嚴提。繼儒以李代桃，爵、老不蚤詢明，以致誤移，均懲。

審得任月老，以賣藥而招賣藥之婿劉成經，現居其村。夫以旌人單姓而爲贅，自宜輯和妻黨，而乃欲與諸任齒通，俗之所惡也。天暮，經偶取任仲貴稻草，仲貴拳之。次日而月老之妻惡詈不已，經便以白捕捏控，然則奚以坦腹於任氏之家哉？稍懲。

審得徐罩兒，同伴六人擡徐觀佑至廬州，因便接徐邦儒歸新安。不料罩兒至巢縣以痢墮水，比到廬，僅五人而已。罩兒之兄柏兒亦同行，言之甚悉。爾時覓人不可得，即以五人輪其勞逸擡歸，是五人實六人之直也。邦儒止計人給錢，以故柏兒不索弟命，而罩兒之妻重喜索夫，則以有家主徐秉廉嗾之也。夫罩兒天命自夭，欲以恤孤坐邦儒，則未相面，第其短少一人之錢亦六百餘文，似乎溪刻耳，儆之，以平重喜之怨。

審得程文憲，奸刁异常。據稱伊子繼壽買茶不歸，道逢胡老，詢知在胡汗龍家賭博，且勒賭約，見獲骰籌而不執其子。訊之，則云龍等毆之，子即逃去。然則賭約係何人所書，且約中是何産耶？今龍等寸指如錘，豈農樵之人，識雉犢之事，一片子虚。儆之。汪龍堅匿，至司役拘而始出，亦山中之蠻髦也，并儆。

審得王永慶，人奴也。遠出，而其妻死。有黄來運稱係其姊與田長程岩老奸孕，囑畢五老覓藥墮胎，因而殞命。夫奸既不可指，以墮胎亡，益無實據。豈有墮胎之藥倩人買者，不畏五之詐且泄邪？運之誣可知。獨是里長王德遠唆告甲長，而與五同匿，則遠居奇而五奸莫須有耳。二犯照提。杖運。

審得凌祖老爲汪正顯駕船至浙，途遇病勿藥，此舟中之客汪真所目擊也。船過凌氏之門，諸凌如道美、道進及排年攔阻，不令之行。正顯向真貸銀二兩、酒七尊以爲謝。諸棍上船，乘勢取酒十四尊而去，使真人命亦不應如此横也。正顯又爲之棺殮裝載還鄉，而猶欲以埋葬諉之，可乎？據進訴稱，有客報信而失其姓名，曰彼恐相累也。天下之爲客者，安能舍己之營而爲長年通訃哉？此誣無疑矣。獨思祖老老疾令終，船主了其身後，莫大之福矣，進又何多求焉。又唆其嫂夾攻，不亦策太工乎？進以命詐人，美搶人瓮中物，姑念入腹無贓，各杖。柩着進領自埋，船聽還顯。

審得鄭光祖肩販，許壽老、陳來壽所業亦同。祖曾貸來壽錢二百文，貸畢興才銀三兩，居間者陳來壽也。來壽又曾爲王闊居間貸光祖錢。祖欲以此項會與畢，而壽堅執不允。二債主坐索一窮人，即稍有所處，償畢則許怒，償許則畢怒，群哄其室，碎其碗則有之，毆則許而未行也。祖計無所出，壽老是月十五之限又至，已服毒矣。祖兄勝祖醫之不愈，至夕而殞。坊長洪希伊等鳴官，借殮，十指青色，仰藥之故昭然。雖祖亡其身以逃債，而壽、老等之狠索有以謝之矣。興才即未親詣其家盤筭放利，着三犯共出葬埋銀十兩償塾之外，聽勝祖追薦。壽、老、才仍各杖。闊負應還勝祖，不得以存亡异視，姑免議。

審得朱廷梓、朱廷桂、文光三房共祖塋，曾立有合同，不許子孫盜葬。文光，侄也，何以列名居首，則以其長房也；文光之父廷松，何以不列名，則已故可知也。今廷松見殯在議約齋堂後之内，則殯先而議後了然矣。今十一月，後山祖墳亦係三房公共者，文光雖有分，恃己爲族長，不通知而與子善老徑往葬妻，朱子芳出而阻之，族人朱文耀左袒焉，亦不甚過，獨其合齋堂後、後山二處爲一。詞稱一則盜乞祖腦，一則厝塞祖胸。試先研厝屋，芳云：今十一月新殯，而干証何玄鐸供，磚瓦皆舊，則虚捏是真。獨文光父子不預鳴族，自召之兵耳。殯屋已久，葬處離齋堂後祖墳尚遠二里餘。俱聽如故。儆子芳之駕空與文光之剛愎。

審得王應龍，賭盜是其本業。六月曾盜黄守忠水碓間物，立案在縣。今又與守忠相争，故里保往其家，龍輒擊傷保長守善。據守善稱，係草刀，然瘢痕不類。此必非真持刃也。於是龍父廷憲以賭情同日控，出骰盆爲証。夫骰盆乃其子器具，欲污人以呼盧，亦不足憑。獨是應龍非爲不端，不枷示不足以儆惡，滿日懲逐其父子出境。守善初意亦屬嚇詐，不成飾傷，姑免議，以甚應龍之罪。

審得徐元亮，鄉愚可欺者也。用價一十六兩買徐于廷、于陛房屋。于廷遠出，于陛代押。當日原中程當時亦不宜留此罅漏，以啓後日兵端。今于廷之子瑞欲照叔價取贖。夫兄弟共業，弟賣，兄之子可興詞。然則叔賣，侄亦難獨贖矣。當時稱廷、陛兄弟素睦，外賈無憑質對，必俟兩人還鄉，始知其委折。雖然，猶有疑焉。瑞既措銀贖屋，不應又使之另書一約十二兩，係胡君佐代筆。君佐不官，天下未有此騎墻之事。且于廷爲瑞親父，于陛私鬻公産，瑞必信報于廷，豈無手書，令瑞鳴官，而徒喋喋於贖，十二兩之約早已入手，盍往訊之父，何如瑞狡謀？亮詧産不慎，均儆。

審得趙牛兒，趙族之僕。牛兒遠出，久不歸，趙族未聞索之。其妻侒佛，伏枕，有趙汝亨往其家視之，因而盜其銅佛三尊。雖有主分，主豈可有盜行乎？亡何牛兒妻死，鄰人舁柩將葬趙山，諸趙阻之不果，牛兒婿汪觀壽以己墳窆焉。亨既吝此一塊土，而又欲携其子觀靈、觀壽立領，俟牛兒歸交還，汝亨猶捏控不休，真無賴之棍也，不可勝誅，責而逐之。

審得吕華，初名進貴，羅尚古之孀鄭氏僕也。鄭孀居，鬻此夫婦，係古父同弟婦出名立券，得吕君甫價十八兩。尚古取其十二兩，猶曰與孀有舊帳目往來也。乃又勒貴之妻衣物作謝，殊失爲主之道矣。貴往吕，不能服役，吕於去年七月將夫婦交還原中。貴夫婦心怨古之爲媒，索前酬，投約里。約里爲處一千五百文，亦出古父之意，則古之染指可知。貴猶不甘，使病妻坐嚷古家，不逾時而死，便以假命告主，刁悍極矣。尸經里借棺盛殮，着古償值。仍儆。押領埋。古勒取僕財應議，以主僕分，免科。

審得汪芳與吴從高二墳相連。新正初一日，有汪秋老者稱於除夜見野火延燒及高殯母之處，急肩水往撲滅之。高貧無磚屋，止誅茅苫蓋壓以土，遂焚棺骸矣。此狀甚慘，有目者所不堪睹也。於是走詣高所，云隔宿止有芳家展墓，舍芳無人焉。嗚里程伯羽、許象乾等，同登隴往驗。高寠人秋老夙與芳有隙，未必不多求於芳。芳執稱辭年拜掃者非一氏，安知是我，且爾又仇也。恪此掩骼之仁，不知當日情事，有難以付之忍心不問者。議不成，而芳先發於初三日，高舉詞於初七，雖貧亦意欲望恩也。今高坐芳以謀地，故焚其棺。研地非高買，乃高租者，何不買之業主、而行此凶殘之計？然芳謂高自放火，及秋老挾仇，故煨燼，亦不通之論也。高酸悲苦楚，誰無惻隱？着芳義助其棺殯之費，以慰地下。高亦不得借端聽唆，再訐老修怨。芳無恤灾之心，均儆。

審得胡克之造屋在五月，據胡達稱爲垣亦在是月，據胡給裔稱在臘月廿六日。其借祖路堆木料在五月，漸立一門後便閉塞。夫門必有關鍵，方其許克立門時，已將往來之權聽之克矣。爾時通六分，何無一人言及也？克稱胡思脩、思傅、觀保等臘月曾挾貸不允，此亦未可憑。但新正初三，酗酒撞門則有之矣。克架搶物之説，亦漫無指實。所可异者，克告以初六，胡文應以初七，始稍稍言及占路事，繼而通六分諸生佐之。夫五月不告，臘月奚以嘿然？且墻非一朝落成者，族之鳴官得無大晚乎？思脩、思傅、觀保等使酒是真，姑儆其首二犯。克失於調衆，并議。路自有舊合同在，侵不侵，無可影響疑似也。盍歸而議諸？

審得項嫠、項文麟，兄豺弟虎，又有項灼、項明老、項蛟爲羽翼，頗爲不法之事，擇肉莫敢攖鋒有日矣。族之封君項齒長而分卑，每力持風教，時於廣衆中效忠告，微露其向日曾爲偷兒事。嫠、麟且慚且恚，必欲甘心焉，亦往往徵之語言。會封君之僕德端與嫠等賭爭，有隙，端方十四、五，墮嫠等之局，封君所以切相戒諭也。麟便嗾嫠殺封君，項福老聞而諫阻，不聽。嫠於二月廿七日瞰封君養静别墅，端亦隨侍。嫠持斧直入，端遥望有變，惶急莫知所爲。幸封君卧層樓之上，端遂下鍵，而己匿轎中。嫠至，亦倉卒莫得其門，斧劈莫入，見端之藏向轎中，拖出詢封君何在，堅不肯告，嫠即用斧劈其腦并斷手折喉，喪於頃刻。里族通聞，對户項和寵親見麟、蛟、灼伺於外，嫠出大言曰：已殺了。此確証也。及差役行拘，捕衙看驗，嫠尚負嵎拒捕，跟緝嚴急，嫠始就獄。自言殺端是真，叩頭請死。明老潛至獄門窺探，非其死黨，何關切若斯乎？細鞫殺人下手，實嫠一人，凶器現獲，自無逃於故殺之律，尚呶呶以主僕爲辭。按其族譜，嫠與德端之主枝派分於永樂年間，歷十五世，名分雖存，袒免服盡。以良賤律，毆他人奴婢坐絞，信爲不枉。况誅其意實欲推刃封君，端以衛主罹厄者乎？文麟拒福老之諫，顯屬主使，且行凶之際，尚爾隨行，合依同謀共毆律以元謀擬徒。明老擅入探聽，念未助力，姑擬杖。蛟、灼懼罪遠匿，照提。

審得葉文輝之殯無屋，覆茅而已。野火猝至而微爇其棺，蓋有汪三九見而沃之，得全。輝瞽者，其侄黑九、黑老便牽衆往姚萬年之家，毆年及其妻，以爲年墳有楮灰也。夫焚楮之墳比比，豈即年乎？姑念輝廢疾，且其地主肯施瘞，里長李岩肯施灰三擔成義舉，殊可矜憫，然年則愧矣。黑九因事風生，并儆。

審得潘繼文之兄繼武，領潘嗣輝本六十金，往閩販蘇木、胡椒。道病，質貨，醫治不痊，歸家隔廿里而歿。殮之者，輝也。輝自往取當及殮費約十二三金，亦足以酬之矣。繼文出外，其母興詞，謂武係合本。輝能出武手帳并雇工券，而文無有據，族長亦頗知其詳。此徽俗雇工殞身詐錢慣套也。文雖以詞非己出爲解，彼婦人豈能工兩造哉？亦應爲母坐懲。

審得江德淳有梨數株，忽報有人砍伐存椿，遂指侄江良忠盜其墳蔭。良忠之父江德益則云已有梨一株爲淳移栽己園，索之不與。訊族而知淳之誤認爲道傍無主之萌孽也，欣欣鋤去，益子良恕跟尋至山，則已爲淳物矣，因并斧其梨木而歸。恕雖妄取，實淳之貪利有以致之矣。事小而左右袒之衆甚堅，淳、益同堂兄弟，何苦聽人提弄耶？各懲。

歙紀卷之十　紀輿情

傅使君詩

畢懋康

使君佩劍光奕奕，夜夜青虹吐千尺。驚人白雪更誰酬？胸中意氣空八極。省饑鋪麋屏騶從，伍伯蒲鞭總不用。壺餐時下翳桑人，蔽芾遍起甘棠誦。歙雖山縣古福地，宜平仙真煉藥處。放衙衣袖生烟嵐，捲幔囪楹見岩樹。朱邑深心惠黔首，滅明折節下逢掖。兩岐之謠五褲歌，道上口碑何藉藉。漢家徵召重金甌，玄纁赤組來鳴騶。鼎彝三事坐相待，穎上淄川盡列侯。

又　畢懋良

仙令雙鳧浙上來，身爲霖雨潤群荄。雲流不逐心如水，寒徹能回韵勝梅。供賦一簾明月皎，懸眸千里練江開。春酣户有甘棠蔭，分得清陰傍閣槐。

又　吴孔嘉

桃李陰陰繞郭門，無邊春色望中繁。桑郊野雉迎車乳，花徑瑶琴静夜援。冰著玉壺清素抱，香霏麈尾拂玄言。三年奏最瓜期及，内召欣沾雨露恩。早年聲譽振詞林，寡和長操郢雪音。山氣氤氳花署曉，雲光蕩漾竹池陰。閑時披牘鳥雙下，静夜評詩月每臨。秩晋清華通虎觀，應知帝賚佇爲霖。

又　羅炌

蘭茗交映發，凌翮共翱翔。協宇盼軒舉，同氣挹彌芳。崎陂迴胤衛，蕩豁御周行。眷言聘良圖，引領矚遥光。華緇悦均溉，玉石概相量。舒文綜茂歲，玩景溢初陽。豈不悲遠天，洽深情易忘。爲且申難罄，宿心殊未央。

十美頌

傅父師政成百里，庇敝萬間；名著十奇，績侔三异。民歌樂只，爰有同心；士頌勿諼，敬陳合咏。

文教

汪康運

不踏霜雪徑，焉知天地春？不入桃李蹊，焉知雨露仁？君侯握造化，萬物咸維新。魚鳥任踴躍，椒桂叢芳辛。矧兹宇下士，屈蠖乃得伸。表端景自直，尺水生龍鱗。藹藹彰厥吉，一昔羅兼珍。允矣埏埴廣，弦歌何足論！

又

吴鶴翔

雲彩焕天章，練溪生錦浪。白鳳吐胸中，奇葩生腕上。鄒魯變東南，月斧操哲匠。

又

汪瑶光

儼繼武城踪，詩書爲保障。春風習習來，萬彙欣絛鬯。握溪蓀，延朝暾，草木蕃變雨露恩。蛟騰鳳起，霞蔚雲興，師道尊。

武備

唐昕

大德不恃險，時艱倚巨才。千家謀未雨，一邑晝奔雷。氣肅龍蛇動，威揚神鬼摧。劍霜天外閃，弓月坐中開。矯矯皆華屋，桓桓遍草萊。西門有積信，狐豕漫相猜。

又

汪瑶光

治之良，教有常，三年有勇民知方。步伐止齊，桓桓，貔虎何堂堂！

禱旱

姚宗衡

白日皚皚，土坼紋龜。焦我苗黍，百室同悲。瞻望昊天，興雨祁祁。天高聽遠，莫慰我私。豈弟君子，步禱從之。爲民請命，誠出不欺。滂沱是應，無負鎡基。三農得歲，樂不可支。群呼父母，帝賚斯期。

又

汪瑶光

時之逢，旱蘊隆，汗浹步禱郊徂宫。上帝鑒之，雨其霶沱，歲以豐。

賑饑

吴鶚翔

鴻雁于飛兮聲嗸嗸，野無青草兮心如燒。舂土爲糧兮度昏朝，有粟可食兮勝怘羔。尫然四顧兮何蕭蕭，我公究惠兮單醪投。堂邑平鄉兮功相侔，回生一七兮銘千秋。

又

汪瑶光

民嗸嗸，憂在食，散其積粟通其力。涸鮒以蘇，鴻雁以集，四國式。

弭盜

程士賢

峰勢崔嵬高插天，鬱鬱崖谷盤雲烟。透迤窅阻盜之淵，白晝攫肉螂捕蟬。狼牙虎吻紛森然，負擔汲汲懷憂煎。一朝買犢争歸田，刀劍化爲鎛與錢。何以若是侯仁賢，清風蕩滌腥山川。只有鸞鳳無鷹鸇，夜户不閉民安眠。矢歌樂只青雲鐫。

又

汪瑶光

饑文惡，萑苻興，我侯一怒百里平。綉衣無遺，盜不敢發，民以寧。

謝客

汪鳴雷

黄山高，漸水深。黄山高萬丈，漸水深千尋。山以擬君節，水以擬君心。蹄輪絡繹莫相向，秋月一峰懸到今，洛陽投牘風嶔岑。

又

汪瑶光

寧紓民，無媚客，游踪不復來黄白。有琴一張，有鶴一隻，儕五百。

祛蠹

吴鵬翔

我有嘉禾，侯則植之。我有蟊賊，侯則執之。耰之耘之，稼之穡之。繄侯力思，永無泐思。

市去其虎，城去其狐。悠悠練水，閑我雙梟。油油生意，千畝雲敷。阜財解愠，載咏載娱。

又　汪瑶光

力鎡基，無越思，深耕淺種苗始滋。非其種者，鋤而去之，和恒師。

完賦　吴烇

夜月懸秋鏡，桑麻雨露深。莎庭馴趙鶴，茅屋樂虞琴。剥啄風兹遠，擔輸績可尋。倏然黄岳下，高坐對長林。

又　汪瑶光

敦本農，政罔闕，闊狹與裁力不竭。大家牛車，小家擔負，路不絶。

堤漲

黄儼

暴漲連空望不迷，玉屏山下有新堤。纍纍古冢蒼狐躍，漠漠平田白鷺栖。幾竈炊烟雲影直，千林散緑鏡光齊。分明興化當年築，文正勛階屬可躋。

又

汪瑶光

水之激，堤以蝕，武功六門殫厥力。滔滔以砥，薿薿以樹，幽宫葺。

澤柏

許光寀

天畀神明君，兼以慈父母。字人殫厥生，恩仍及夫朽。饑鳶無所施，浮雲絶蒼狗。白日照幽扃，重泉載益厚。以之佐湯文，仁覆真雙偶。

又

汪瑶光

揚和風，煦冬日，埋胔掩骼政匪一。賈以爲父，鄭以爲字，是其匹。

德政歌六首有小序

汪薌

吾師化行南國，聲播東方。道塗之上如碑，鐘鼎之間欲勒。謹撮萬一，用揚二三。誠公言之，合衆口耳。

高懸日月作雙眸，五色都將一望收。最是春風播寒谷，吹開桃李遍崖州。拔士

江漢淮河日用兵，歙中父母即干城。原來練得人如虎，不向民間索半丁。詰戎

萬民撮在兩眉窩，天聽彌高可若何？十二時中三步拜，汗漿换得雨滂沱。禱雨

倉廒如洗土如焚，鴻雁嗷嗷不忍聞。升斗聚來升斗散，吹烟萬縷結慈雲。賑饑

無端屐齒過餘杭，山縣烟雲不飽囊。况是臣心如水淡，難將膏血作糇糧。淡交

到處青山有緑林，每於白晝攫黄金。重關一築如天險，看取擔夫自在吟。弭盜

黄雪行

余應徵

雷車歲除驚太奇，上天同雲彌四垂。黄山雪積百盈尺，比來憂旱憂何爲！六出飛花花散之。飛花散入天都樹，六六峰埋不知處，瑶島瓊崖十二樓，丹池黄海俄成素。中有真人冰雪心，迴飈舞霰揮弦琴，也知潘令花如綺，未勝天都雪滿岑。天都雪，潘令花，陽春無地不繁華。歲寒然後知松柏，桃李春風詎獨誇。黄雪一行歌政美，泠泠雅操清堪擬。軒轅臺畔玉爲人，對此白雪歌《陽春》。

邑父母傅君侯德政詩有小引

王卜

我邑父母傅君侯者，殆古之循良令也。以時名賢，來宰我邑。愛民則仁寓蒲鞭，好士則禮崇下榻。三年而政成矣，再三年而化洽矣。四境之内，民歌蔽芾，士咏菁莪，厥聲載道焉。報績考成，應爲治平第一。今上聖明，勵精圖治，急股肱耳目之任，求翼爲明聽之賢，采風於一十五國。若君侯者，將勝任而愉快也，寧俟端策哉！余嘗辱包蒙，深爲有造，感慕之懷，烏容自已，乃摹德政，裁詩以獻，蓋與通邑之士民謳歌雅化云爾。

策名蜚駿藉京華，初試鳴琴練水涯。剖竹風聞民得歲，持旌雲集士無嘩。黍苗共沐三春雨，桃李争看一縣花。才望咸推非百里，絲綸旦夕駕行車。

波泓萬頃任浮沈，斟酌誰能測淺深。六載弦歌千載韵，今人組綬古人心。鳩茲鴻雁無驚羽，化彼鴟鴞多好音。舟楫繇來輕濟涉，蒼生何幸憩棠陰！

蟬有緌兮蟹有匡，教流曾不待弛張。掌承新露分黃海，錦製餘霞映紫陽。簾上絲桐頻拂拭，庭前鸞鳳自翺翔。心閑案牘無多事，卧閣悠然化日長。

三輔城需柱國楨，升高自邇已垂聲。斗懸特立千尋望，雲從斯須九萬程。紫塞終期傳漢詔，彤廷久跱濟商羮。爲霖作礪家常業，保障弘舒擁玉京。

孔邇歌

汪重昌

雲行參井迎清秋，銀河有爛明星流。輕容習習團扇愁，父母孔邇吾民鳩。敢栖野被金螢照，長腰濯穗香莖笑。潘邑花開融紫光，卓爾庸功昇各方。深仁撫字徽柔處，饌玉炊蘭沛膏雨。夢策靈曦轉迴馭，先民總總猶歌舞。只今息影甘棠樹，就日瞻雲争襁負。

紫陽歌

王國相

紫陽高，高百陘，上谷霞明來福星。練水深，深千仞，題輿德澤新都潤。天子東顧赤子頻，我侯戾止萬家春。拊循不啻今慈母，經綸盤錯如有神。造士盈門桃李爛，峨峨藻絢昭雲漢。遥指風程各怒飛，報深國士疇能涣。鳴琴此日政猶聞，賣劍當年美可分。鳧舄從茲入紫雯，山城花滿襲餘芬。願共扳轅借寇君。其一

七斗城高峙大鄣，巍巍百雉谷中藏，地儉齒繁往穰穰。終年仳離家室荒，㮚人越

貨日猖狂，南嶠北嶺何鴟張。群情汹汹沸如湯，民亦勞止誰爲康，我侯受簡莅斯壤。太阿出匣鋒莫當，廓清萑苻繼龔黄，仁弘解網溢桁楊。英英桃李菀宫墻，珠光玉質炳琳琅，田疇子弟植誨長。四民含鼓謳露瀼，衙齋薤水肅清霜，槐庭風暖澤洋洋。皇恩指日下琴堂，豈弟君子邦之光，揾梅霖雨世其芳。

禱雨謡

張習孔

氓之蚩蚩，好是稼穡。四月維夏，我藝黍稷。日月方奥，如三秋兮。瞻彼阪田，祇自塵兮。

民之父母，憂心愈愈。自西徂東，以祈甘雨。朝夕從事，靡神不舉。神之聽之，以穀我士女。

旱既大甚，何草不玄。君子至止，聲聞於天。哀此惸獨，汔可小安。俾滂沱矣，如彼流泉。

上帝鑒觀，泣涕漣漣。興雨祁祁，實維豐年。既沾既足，匪降自天。自公召之，雨我公田。

豈弟君子，邦家之基。求民之莫，天子是毗。拊我畜我，不知其故。君子萬年，厥聲載路。

又

王國相

青青者禾，厥生始植。言念滂沱，瞻望弗及。瞻望弗及，憂思孔棘。譬彼群兒饑則呼，父母不來誰爲餔。

嗟哉南畝，裂如龜紋。圭璧亦具，神莫之聽。憂我父母，寔勞其心。其心寔勞，舍止於郊，旱魃從茲不敢驕。

朝來禱，夕來禱，負日徒行形自槁。精誠一片格穹蒼，山雲四塞來商羊，前此炎炎未足傷。

雲萋萋，雨祁祁，田畯至喜，樂不可支。我侯功德多且旨，召父杜母疇能比？壽無疆，歌未已。

賦誦

吴宇安

高步雄群彦，花封冠百城。吴天輝壁宿，越野動星精。下邑才須借，期年政已成。春陽隨旆轉，汪澤灌溪盈。耕省騶偏駐，琴操鶴共鳴。食餘時擁帙，吏散但觀生。鼂采篇敷錦，摛英字屑璚。以文能得士，惟德自弭兵。味檗知衷苦，施蒲羡網輕。直躬存簡澹，息境謝逢迎。朗月幽罙耀，和風抑沴清。頌聲古可繼，道聽耳爲傾。紫極終儀鳳，青林詎滯鶯。虞庭將課績，商鼎望調羹。馳譽東南最，書勛竹帛榮。千秋循吏傳，黄海鬥峥嶸。

又

畢熙載

比清白有練江瀾，蒲密多奇未足殫。省訟滿階來鳥雀，興文傳草奮龍鸞。香焚清夜和天語，琴響深衙共月彈。莫道河陽桃李色，黍苗膏雨望中漫。

登堂黎老咏緇衣，平易堪親冬日暉。鶴步萊柯知吏肅，魚生范釜識民肥。書郵問禁迎門却，山色窺閑繞座圍。王綍行看天上下，還開蓬館待鳧飛。

又

畢熙業

德星崇帝賚，鍾靈自此區。經綸開茂宰，禮樂啓鴻儒。游刃無難務，停車得治樞。尹奇何慮早，宓子不憂癯。鳥雀閑能至，陽鱎已見驅。行春乘下澤，買水到官厨。退食餐惟蘗，祥刑杖用蒲。仁心披肺石，方略靖萑苻。四八峰徽咏，三千士競趨。及門龍自峻，顧我轂方雛。感奮提撕切，榮承禮數殊。方城仙令尹，歙浦貯冰壺。

又

程思聰

百里屠龍始發硎，雙鳧作舄應列星。莅茲劇邑鳴琴治，頌言載道流芳馨。繇來利器無盤錯，諸猾屏迹不敢作。薰風乍爾咏阜安，康衢又見歌耕鑿。奏最況復三及瓜，河陽到處栽潘花。烹鮮下吏安足數，馴雉中牟何用誇。仁風普拂桑麻起，惠露瀼瀼浥桃李。一時人士式楷模，聯墟劍氣豐城紫。四郊棠樹蔭方隆，吾師盈袖只清風。明懸水鏡徹蒼穹，澤及草木與昆蟲。化行外户可無閉，數年之内稱大同。績成製錦書上考，九重誥錫來無窮。

又

蔣勛

口碑孔邇頌恩深，製錦名高伴鶴琴。澤惠富春香麥秀，仁施問政藹棠陰。一輪明月縣冰鑒，萬壑清風賦水心。旦夕徵車來北闕，蒼生佇望雨爲霖。

又

吴南鵬

五稔飛鳧政有成，鴻歸中澤慶更生，三春馴雉桑麻長，六月驅蝗雷雨鳴。棠茇還看桃色艷，莎庭嘗對雀聲清。茂寬漢室俱寅亮，豫識神君秉玉衡。

又

余潛飛

宓子宰山縣，一張花下琴。韵清梅競致，操凛雪爲心。百里譜新曲，千家謡好音。銜杯梧竹晚，幽鳥答長吟。帝夢欣求得，蒼生新雨間。體虚塵自遠，政簡晝常閑。净徹一庭水，青函半案山。論文開秘藏，疑義盡相删。夫子政能暇，片言折獄間。怡情耽坐嘯，理劇得幽憪。披竹愜清韵，醉花殊好顔。如何仙署裏，青到紫陽山。共説傳清旨，心清江未如。風謡騰縣譜，化境入華胥。鳥語答吟案，花香薰簿書。瓜期茲正及，芝簡出天居。御屏書卓异，芳譽振詞林。用作巨川楫，敷爲滄海霖。官梅支閣冷，庭鶴立花陰。宦况清於此，應知飲水心。

又

張習孔

鳳翥龍飛亶發祥，寶雯高淪斗分揚。生申已信能鍾岳，築野先知可佑商。龍德正中千古運，鴻才通理萬夫望。漢庭經術翔高第，昭代文章壓大方。奇氣西京多矯矯，雄風東海自泱泱。陽春調匪尋常識，明月城堪十五償。帝謂何郎終傅粉，人傳荀令本含香。補衮會須漂古治，振衣聊爾試新鄣。小家荷畚迎甘澤，列姓遮輪獻薄漿。鴻雁嗷嗷聲漸隱，華蟲款款意將忘。揮毫色動郎官宿，拓簡威行御史霜。階下棠陰蒼蘚藉，案頭山色白雲相。行車麥秀隨春雨，卧閣花深對夕陽。玉樹月明清自倚，金莖日出皎相當。深培杞梓千章秀，遍擷芝蘭九畹芳。水鑒孤持分异品，冰壺四湛發幽荒。群儒稟憲齊傾耳，賤士銜恩數引肮。僻社晝閑黄犢卧，天街日敞褐鷹藏。争輸國計民心豫，勤戒墉垣士氣僙。力牧夸娥隨導蓋，蒲梢騄駬夾車箱。曾探稚虎崇山窟，親式鳴蛙大道傍。异績沓飛鄰耳醉，奇禎時引里謳長。淫淫德教漸窮牖，謖謖仁風滌敝桁。顔氏熟知東野馬，漢皇清問卜家羊。西臺報政推龔卓，北闕求賢引杜房。已見尚方勤筆札，應知蓬觀拂縑緗。衎衎高步黄金府，几几徐登白玉堂。司馬長卿常待輦，東方曼倩可升床。宵臨鳳沼隨供㒒，曉聽鶯聲繞建章。榮慶三吴增鼎吕，勛名百祀炳旗常。剩來烏鵲依無賴，親見夔龍喜欲狂。未敢深言陪法幕，勉賡微韵佐清觴。逍遥葉令尚書履，信宿姬公錦綉裳。千載雲蒸龍變日，殷看安石起群蒼。

又

吴師昌

七斗華屏地，商霖鳴宓弦。飛梟繇聖主，馴雉得臣賢。文價驚三殿，魁名走八埏。沈才誇絶調，翕壁陋通禪。云是王明汲，還從帝賚宣。雅琴隨忭任，塵甑落丹筵。剩有車隨雨，無勞蒲下鞭。風行澄政本，家給裕民天。榛楛金繩導，雌黄玉琢鮮。昭回應雲漢，賦頌擬寒蟬。

又

王國相

年來棠蔭已成圍，桑雉閑隨竹馬歸。百室都無鴻雁苦，千倉剩有稻粱肥。清風山郭歌魚滿，明月花村吠犬稀。瓜熟應知鰲禁邇，佇看凫舄忽雙飛。

仁風日拂滿城花，棠茇成陰覆萬家。湛湛清持符水練，巍巍峻望接山霞。范魚已見游青釜，時犢猶聞卧碧沙。報績允宜聲最上，遥瞻紫閣繪黄麻。

又

姚懿典

仙令飛凫處，天都淑氣通。一庭縣皎月，四境肅清風。政以《詩》《書》飾，材因煩劇工。嘉禾生瑞域，鸞鳥集華桐。保障紓民力，推誠表治衷。無溝瘠不起，有術歲皆豐。楊椹垂垂紫，潘花灼灼紅。登龍門少客，狎雉野連童。名姓十奇著，賡歌三异同。瞻依欣孔邇，看懋作霖功。

又

盛名原自藐群倫，小試牛刀即化淳。文字立爲多士楷，仁襟散作四郊春。正當赤子依良牧，又值皇都選俊臣。指日恩綸飛閣下，衣冠惟與翠華親。

又

黄應達

天垂福曜應星精，照此三鄣喜氣盈。早合乘鈞依帝座，先勞製錦向山城。春融桃李迴佳氣，響振弦歌起頌聲。黄岳屏開因列秀，練江帶繞爲傳清。冰壺漢表玄尤著，神柱霞標赤更瑩。脉溯紫陽崇正學，霖敷緑野勸深耕。四郊熙皥歡無限，萬彙昭蘇樂有生。鳧舄風高鸞并集，琴堂晝永鶴同鳴。兼培良楛恩波浩，莫遁妍媸鏡影呈。百里推才徵茂宰，萬夫聳望羨奇英。發硎早見施游刃，調鼎旋需作和羹。蒸動仁心端易合，赫喧德盛洵難名。遠追治譜堪模範，高過神君足法程。自是一夫無不獲，豈徒三輔首稱平。微生赤子同依庇，恩造青天等定傾。勝濟蓮舟登寶地，儼承玉露裛金莖。春秋敬祝純禧茂，期月欣逢美政成。伫望升雲扶日帝，行瞻省月晋天卿。陽和普願群萌達，表正咸皈百度貞，蟻悃卑陬虔莫罄，龍光炳烺亘長明。

又

黄鼎鉉

分符仙是令，列署玉爲岑。問譽蜚全浙，文章冠上林。朝花摶彩筆，秋水潤華簪。望溢山川重，恩隨輦轂深。政閑惟飼雀，庭静但鳴琴。來暮歌猶昔，如天頌自今。桑麻濡渥澤，桃李仰高陰。潔操冰千尺，孤標壁萬尋。綢繆先未雨，沾溉懋爲霖。衣褐收殘刖，擔簦慕好音。春風欣入座，愛日快披襟。葵藿情無限，臨階傾寸心。

又

畢士美

治譜傳家舊有聞，聲高黄岳孰如君。月當天半烟霾净，春滿人間草木薫。庭長新薇希客過，案横焦尾快清分。蓬池鱠味相邀處，看取鹽梅策鼎勛。

又

楊春華

藻琢青鏤劍花爛，駿聲宿起蜚江漢。殿前賦就空群倫，練水黄山福星燦。荆州願識此何時，况在春風桃李枝。早衙初放吏如水，静夜琴横月似詩。秋霜既肅除荆棘，冬日可愛生蘭芝。即今閭巷風移處，共説文翁今在兹。利刃新硎任稠雜，公餘瀟洒鵠文榻。筆補造化文起衰，紅蘭吐焰霞光匝。牛刀小奏桑林始，佐岳漸舒良驥趾。蒙竹歌風慊夢思，召杜一時歸樂只。

又

夏大寤

天都久已望神君，良弼光臨自不群。一路文星飛化雨，滿簾惠德捲慈雲。海山全遂鱗柯性，城社潜消狐鼠氛。夢發明王求帝賚，揾梅舟楫古今聞。

又

徐起

玉樹瓊枝風皎然，昭回雲漢令中仙。琴鳴堂上和松静，花滿城邊帶柳妍。明經絶塵凝日影，纖毫積潤散春烟。政成卓魯通丹陛，學薙書紛頌簡編。

又

王世祚

霖雨新都覘紫氣，花明歙浦頌河陽。一簾静影風清滿，四境餘閑化日長。詞府色絲雲錦燦，邦基樂誦令公香。雄文鳳翥霞標上，美政鳧飛帝座傍。魯國諸生歸冶鑄，蓬門賤子沐休光。雉冠欲擲三千隊，脡脯初修數仞墻。進履師能憐孺子，佩刀我自愧王祥。涓埃一點知無外，遇合千秋豈有量。暖谷鳳吹心踴躍，臨軒龍炁興悠揚。情知叢桂神難隱，得附千秋夢不忘。秋月琴弦音及遠，春風桃李政流芳。六符景物新如畫，名世欣逢泰運昌。

又　余俊迪

四甸風薰百彙蘇，及時新雨普涵濡。老農擊缶歌豐歲，庶士譚經見古儒。彩縷天中昭染翰，錦標江上趁飛凫。民欣物阜兼佳序，願把瓊巵薦短蒲。

又　殷家胤

同蘭兄弟幾人尊，似我牢騷不忍論。自笑深源空作字，固知安邑備分恩。人歌蔽芾如聞瑟，風動荷香好共樽。久計君才非百里，將無學道與時存。

又　鄭雲澍

東南有美箭，曰竹凌九霄。亭亭高百尺，嗤彼艾與蕭。歲寒漠漠同雲飛，郊原萬木落葉稀。貞操獨推松與柏，何如篠蕩挺霜威。慈母山中孫枝發，綉皮翠實映山月。鸞鷟栖之鳳以鳴，裁爲青簡芳名揭。君不見錦砌瑶階玉笋班，直節未許伶倫攀。渭川人比千户侯，王者至德徵兩間。爲語乘槎張博望，西游那事説卭山。

又　潘一駒

雲外千峰爽氣籠，隨車香雨潤無窮。傳家已試山陰譜，接武應生臺閣風。芳蔭芠棠來日下，德輝覽鳳下雲中。深枝自此無驚羽，竹馬歡呼有聖翁。

又　羅嗣源

中都有名宰，非復飲羊時。緑綺薰風調，素絲春雪姿。鏡懸驚罔兩，化速失瘡痍。霖雨傳家事，隨車漸水湄。

棠陰處處滿，桃李更能芳。异政追蒲邑，鴻儒得卜商。治謡騰巷陌，訟牒静堂皇。他日台衡貴，從今幸負墻。

又　鮑猷龍

誰歌江上鶴南飛，六六峰頭浄曉暉。百里恩波紛浩蕩，千林芳氣轉霏微。榮光北闕星辰燦，霖雨西河草木肥。聖主只今符夢卜，天教良弼壽吾徽。

又　程鬲

良弼繇來入夢徵，文章山斗已無倫。奮飛捷得風雲會，造就今沾雨露新。桃李自矜叨世誼，官墻共喜藉陶鈞。佇看此日弦歌地，端屬台衡第一人。

又　羅斗

仰止人宗已歷時，君民禮數始於斯。綉湖自昔生才杰，黄岳於今待賦詩。筆既有文占斗氣，官惟多暇睹仙姿。邑中自是承寬政，即日春耕化雨滋。

又

吴芸

名高山斗壓人寰，藉甚於今不敢攀。會指三鄣騰紫氣，遂飛雙舄到黄山。黄山紫氣春無限，即看草上風行遍。琴堂闃寂晝垂簾，文筆芳菲花滿縣。數年問業轉栖栖，何幸徽恩入品題。好布君家舊霖雨，四方正爾望雲霓。

又

羅廣聖

依然雅化駕鳴弦，春滿雷封愷澤鮮。繞境黍苗深雨露，載途襦褲起碑鐫。俗遷羊飲人真聖，風静梟翔品是仙。怪得榮光盈紫邏，孤星高傍斗垣懸。

又

程兆齡

公兮天下士，聲望墨林仙。聖主思衡郡，民生寄大賢。敬公先恪慎，綸寶錦屏鮮。令擬風行草，心如月印川。覆盆都見日，豐蔀益瞻天。蠹剔纖毫盡，仁垂奕世綿。萬民安順治，四境樂豐年。渤海勛才奏，潁川聲正傳。棠陰黄岳茂，花色紫陽妍。伫拜恩綸寵，隨看鼎鼐遷。

又

吴光胤

花滿門墻桃李香，深慚弱植荷春陽。馬因顧市黄金重，劍欲干霄紫氣長。載酒問奇心獨切，授餐適館意難忘。懸知報楚應無地，况復仁風萬里翔。

又

吴鴻儀

一接鄣鄉沴厲驅，神君玄化异邦殊。仁風被物親魚鳥，闓澤宜民變褲襦。俗盡飲和慚佩劍，家無失業慶還珠。只今治劇思優布，揆席調元豈後圖。

又

程之雋

單父風流載政堂，聲華一邑海天翔。春傳潘縣花争發，暖入鄒吹谷自芳。善化莢枯真有術，仁恩肉骨更多方。群生盡被陽和德，寒士知分旭日光。

又

莊持志

美人爲政不下堂，卧閤清餘夏日長。群峰矗矗如列戟，北斗平臨陸海坼。砥柱東南百越偏，勢作京輔疏地脉。山盤元氣逼高秋，水浹行雲涌太液。混涵日月浴光華，積翠中天翻碣石。左瞰七澤右三吴，咫尺天門勢可呼。薰風徐來軒墀敞，佇看彩毫干氣象。

又

鮑釗

潘岳三河去，王喬此地過。仙鳧迎曉霧，赤舄躍春波。美度初難挹，清風式可歌。方圓隨所運，燥濕并歸和。已秀漁陽麥，仍還合浦螺。鵖鴞消毒喙，蒗莠化嘉禾。寧止稱三异，真堪頌五紽。栽花遍原隰，種樹挺枝柯。蔭績甘棠芾，香連曼澤荷。冰霜時照拂，眚癘盡湔磨。美駕唐虞上，聲賢卓魯多。鰲坡方側席，蚤晚聽鳴珂。

即物賦頌

汪瓛

海外珊瑚枝，移向河陽道。水鏡作雙眸，正須五月照。榴花

緑莫不團雲，丹唯知捧日。分明美錦如，不是繭絲織。葵花

慧劍出龍宮，直而不可曲。待戮蜃與蛟，還爲鞭示辱。蒲

香雪灑炎威，所奇在六出。豁來扳萃資，豈與凡卉一。梔子花

匪飾自然文，匪質自然勁。行施良相功，遍起蒼生病。艾

禱雨賦頌

徐起

驕陽無雨日瞻天，善政修誠步禱堅。香篆虛涵迎霧結，燎明空曠佇霖懸。蘇禾澤自莎庭達，潤檜陰惟棠召連。一夕成歌云物泰，還須歡逐樂民先。

弭盜賦頌

汪日滋

潘花馥馥艷山城，爛然錦色何鮮明。堂上琴鳴無促節，魚生虎渡鬼神驚。中宵一片團圞月，多少清光到林樾。害馬已去百利生，風抗雲垂千載揭。

祛蠱賦頌

凌有章

瀰瀰四望中，謖謖松風響。皎月當空升，歷歷白榆朗。庭閑鳥雀静，門清鶴翎敞。縱目揮五弦，六宇何蕭爽。野雲不歸山，豹虎羅天網。秕莠不在田，嘉禾無鹵莽。昏霾不蔽霄，春氣增駘蕩。露厚草木滋，芳華陳土壤。神哉造化工，一消還一長。

滿庭芳 詩餘

張習孔

袍映珠榴，綬分銀艾，遲遲瑞景迎祥。午風初煦，勝節早端陽。最喜琴堂晝永，啓仙厨，高進蒲觴。開顔處，繽吹霓舞，雲外送琳琅。

新安稱盛事，五門繫彩，三曲囊香。看澄江龍艦，競擊流光。應是兩岐麥秀，樂升平，擘黍浮菖。門下士，竹西聲拙，惟咏有臺章。

賦頌

畢公胤

才名赫奕動南陲，坐擁黄山六六奇。夢協商圖時憶築，香留荀席口成碑。空庭鶴下巢珠樹，秋水魴游遠釣絲。幾度弦歌騰地起，徵書應自快輿私。

又

畢懋簡

錢塘潮頭高百尺，練江東瀉千尋碧。使君移來几案間，逸韵琳琅東南隻。鷄壇雄推狎主盟，牛刀動中桑林砉。簿書鞅掌彈指清，秦臺照膽神鬼辟。厨傳蕭然謝客游，胡床時聞挂東壁。市糴騰踊貴如珠，嗸嗸稿壤甑塵積。掊斗平衡縛黠渠，溝壑可幸無捐瘠。天道恒陽何藴㦗，暴厓轉爍石并赤。青衣露禱撲黄塵，忽來甘澍歌南陌。寇警長驅赤白囊，山中風鶴頻騷驛。息公池上隆莒城，夷吾江左規戎索。蒿心早計荼猶飴，關門石寨堅於壁。綉衣使者檄衡文，憐才擲地聲金石。感懷一日國士知，無㼖幾番成刻畫。漢庭亟重守令良，大嶂連雲傳雙舄。春來雨露長桑麻，野外秋陰吟蟀蟋。載賡豳風七月篇，拭目璽書騰日夕。

又

江虬

甘霖躬禱獲甌婁，百里先承鼎鼐賙。馴雉單車無重客，飛凫雙舄有仙儔。兵勞磨鈍徵爲礪，漲自堤平邁作舟。治行名今册扆寫，圖麟無待事旁求。

頌武備

吴從先

粉堞笳聲静，重關烟霧深。止延山月入，不受野氛侵。練水神仙宅，天都鸞鳳音。干城饒積信，高坐對雲岑。

頌賑饑

陳三才

夾岸之樹枯以榮，練溪之水渾以清。甘霖大澍饑者生，害馬悉去訟獄平。堂邑千秋重令名，風和月皎傳其馨，雲門并峙何崢崢。

頌文教

吴魁先

山陰成治譜，泗水接薪傳。瀾闊澤能遠，雲紆錦較鮮。人歸渡虎政，家慶化鳩年。文翁只公是，春日引花磚。

頌祛蠹

吴繼先

良哉神明君，扶苗去稂莠。如俯濯清泠，纖塵蕩不有。皓月映前汀，掬之光在手。乃知天地心，驅除亦高厚。

傅父師榮膺紫誥志喜

王國相

丰城佳氣鬱嶙峋，鳳詔銜來御墨新。藻絢天章承唾玉，花迎朱紱燦腰銀。歌衢秖頌生塵甑，鞭竹應遮夾鹿輪。自是麟臺瞻紫近，好須彩筆撰絲綸。霖楫繇來舊有聲，望崇山斗擅宗盟。龍門久闢群思御，鳳翥高翔已待鳴。蔽芾成陰周碩輔，菁莪沐化魯諸生。綸音此日光弦室，童叟争看滿赤城。

賦頌

詹士翹

高風謠自訝懸魚，須信君侯練水居。一片冰霜澄案底，六年謳頌遍街餘。水天有待催鳬舄，鯫士無能挽澍車。爲道棠陰猶足蔽，襲人清影意徐徐。

又

張紳

浙水僊鳬練水來，牛刀初試補天才。山含爽氣延清署，風引弦聲上緑槐。馳驥總非淹百里，銜魚應是卜三台。作人共浴文翁澤，嬴得桃花遍地開。名高單父日鳴琴，堂上風流自古今。夜月烏啼官舍静，春城花滿訟庭陰。下車振鐸才争奮，露冕躬桑雉不侵。三异政成馳首最，蒼生久矣望爲霖。

又

汪德元

百里山城花事繁，歡傳日馭動江干。案同流水一庭静，氣轉平林萬突寒。徵檄不驚長足頞，崇墉有恃堵猶安。移來峴首歌功地，何似今時嚴上灘。

又

汪弘綬

東風桃李滿江城，百里傳歌練水清。最喜深山鼾睡穩，邇來村犬不聞聲。

一自治績號猶龍，東南半壁走提封。塗歌不盡輿人誦，紀向天都第一峰。

又

汪定遠

龍章芝彩出彤廷，舟楫鹽梅頌福星。天目秀鍾勤仰止，漸江清映見儀型。棠陰露冕雉馴擾，花裏調琴鶴立聽。喜有軒皇臺畔石，磨崖還繼峴山銘。

頌武備

凌有度

劇邑風茲薄，綢繆見大才。千金求駿骨，萬騎肅龍媒。信昔西門積，奇今南國推。馳驅懷一試，仰首待嘘培。

賦祝

吴孔嘉

雲門高闢治堂西，萬壑松陰人望齊。漢影皎分黄海月，商霖澤起夏農犁。香霏麥隴無喧鵲，緑覆槐齋聽唱鸝。化國舒長喬舄遠，應知帝賚叶玄禔。

又

許啓洪

彩雲一何綺，劍光聯練水。藜火焰輝輝，暫置桑麻裏。天子曰宜哉，此其福星耳。公暇問帝鄉，謂適佳辰矣。把酒覲軒轅，同獻仙人李。君原戲金門，偷桃還幾許。福星是歲星，遍地歌樂只。我進水半瓢，君謂香於芷。

又　洪天擢

五千劍氣動龍精，暫看兒童竹馬迎。白鶴飛來原舊侶，青山到處盡知名。安期有棗當家食，方朔傳桃代御羨。我倩新安一杯水，來和玉露祝長庚。

又　曹蕭

一代名流喜共聞，更從豈弟頌神君。文心湛露滋仙掌，惠政遥天挹紫氛。玉斝合斟千歲醴，金盤惟貯萬年芸。九如朗頌寧私願，自有民謳達五雲。

又　黄應達

琴堂清兮練水澄，泠泠瑩徹玉壺冰。更羡高秋氣尤朗，瑶天皎映皓魄升。士民愛月明於鏡，主治靈襟同此净。况今奏最達宸衷，寵錫龍章嘉德政。漫道河陽滿縣花，山陰治譜屬誰家。雷封共樂豐年稔，异績神君政足誇。際兹聖明側席時，夢卜旁求協相師。良弼繇來帝所賚，調元贊化成昌期。昌期應運慶無已，忽傳青鳥來雲裏。爲報福星琴瑟諧，大藥駐顔千祀喜。門墻下士荷二天，渥沾雨露枯荄鮮。無裨涓埃殊自愧，聊將輿誦寄詩篇。

又

汪上文

薰風披拂畫堂深，暫借當年單父琴。清夜月明花散彩，山城雨浥水如心。儒生何幸瞻韓斗，翰苑同聲仰鄧林。更頌岡陵千載盛，佇看楓陛下綸音。

又

姚懿典

漸浦和風動，雲門響八璬。四科綜邑政，九德重時髦。潤比藍田玉，文分丹穴毛。彈琴花氣沁，飛□治聲豪。境上春容與，懷中念桔槔。蒲詩歌渥惠，冰飲識孤操。亹亹神明吏，翩翩鸞鳳曹。年光升海日，經術戴山鰲。壽域開軒鼎，清尊富郢醪。惟將練帶水，酌以慶嵩高。

又

程浚

福星遥自婺躔來，練水波恬碧鏡開。遂有淳風敦薄俗，載看霖雨起枯荄。東華久著松喬籍，北闕先推卓异才。指日徵書傳第一，吴山紫氣繞蓬萊。

元人二十諸天畫像贊〔一〕

〔一〕丁本作「護國寺元人諸天畫像贊」。

元人二十〔一〕諸天畫像題識〔二〕

梵天王一奉佛弟子龔文昌，發心喜捨。

釋提桓因〔三〕二浙西道杭州路錢塘〔四〕縣城南上隅龍江鄉居住，奉佛善女人徐氏淑寧、男龔四保，發善心喜捨，求大吉祥者。

提頭賴吒天王三〔五〕同第一〔六〕。

〔一〕丁本無「二十」。
〔二〕丁本題識部分在正文末、跋前。
〔三〕「釋提桓因」丁本作「帝釋天」。
〔四〕「塘」丁本作「唐」。
〔五〕「三」丁本作「四」，且正文排序亦相應變動。
〔六〕丁本「同第一」前有「題識」二字。

毗留勒叉天王四〔一〕奉佛女善人龔氏五娘、同女龔氏奴奴，發心喜捨。

毗留博叉天王五〔二〕奉佛女善人徐氏淑寧，發心喜捨。

毗沙門天王六〔三〕同第五〔四〕。

金剛密迹七同第五〔五〕。

摩醯首羅八同第一〔六〕。

散脂修摩〔七〕**九**同第一〔八〕。

〔一〕「四」丁本作「五」，且正文排序亦相應變動。

〔二〕「五」丁本作「六」，且正文排序亦相應變動。

〔三〕「六」丁本作「三」，且正文排序亦相應變動。

〔四〕「同第五」丁本作「題識同上」。

〔五〕「同第五」丁本作「題識同上」。

〔六〕丁本「同第一」前有「題識」二字。

〔七〕「修摩」丁本作「大將」。

〔八〕「同第一」丁本作「題識同上」。

大辯才十同第一〔一〕。

大功德天十一浙西道杭州路錢塘〔二〕縣城南上隅龍江鄉居住，奉佛女善人徐氏淑寧同夫龔文昌，發心喜捨。

韋天將軍十二同第五〔三〕。

堅固地神十三同第一〔四〕。

菩提樹神十四同第五〔五〕。

鬼子母十五奉佛女善人龔氏五娘、女奴奴，祈求早得還鄉吉祥者。

摩利支天十六浙西道杭州路錢塘〔六〕縣城南上隅龍江鄉，奉佛女善人徐氏淑寧，發心喜捨。

〔一〕「同第一」丁本作「題識同上」。

〔二〕「塘」丁本作「唐」。

〔三〕丁本「同第五」前有「題識」二字。

〔四〕丁本「同第一」前有「題識」二字。

〔五〕丁本「同第五」前有「題識」二字。

〔六〕「塘」丁本作「唐」。

蘇利耶十七浙西道杭州路錢塘〔一〕縣城南隅龍江鄉居住，奉佛弟子龔文昌同妻徐氏淑寧、男四保，發心喜捨，求大吉祥者。

蘇摩十八同第五〔二〕。

娑竭羅龍王十九同第五〔三〕。

閻摩羅王二十浙西道杭州路錢塘縣城南上隅龍江鄉居住，奉佛善人徐氏淑寧，發心喜捨〔四〕。

右絹本，高三尺餘，闊尺有三寸許，傅色工細，惜不署〔五〕年代及畫者姓氏，因有〔六〕「浙西道杭州路」等語，知爲元人遺迹耳。或其年號及題款別署於主佛像，今散佚，不可復問矣〔七〕。

〔一〕「塘」丁本作「唐」。
〔二〕丁本「同第五」前有「題識」二字。
〔三〕「同第五」丁本作「題識同上」。
〔四〕「浙西道……發心喜捨」，丁本作「題識同十六」。
〔五〕「闊尺有三寸許，傅色工細，惜不署」，丁本作「闊尺有五，不書」。
〔六〕「因有」丁本作「惟于」。
〔七〕「遺迹耳……復問矣」，丁本作「所作。向藏杭城護國寺，今歸小緑天庵六舟謹藏」。

越數日，偶審第二十幅邊道中似有字迹，映日色觀之，乃「三如良浦王永綏畫」小楷一行。始知古人慎於落款如此，當於畫史中別考其人。〔一〕

自古列十六天像，各有所主，以其呵護之功也。後增日月及娑竭羅龍王、閻摩羅王者，謂日則破暗，月則照夜，龍則秘藏法寶，閻摩則掌於幽冥。故加此四天，通爲二十天也。〔二〕

元人二十諸天畫像贊〔三〕

梵天王即〔四〕娑婆界主、號令獨尊、大梵天王。

大梵王冠綬衣履，如古帝，右執鑪〔五〕，作蓮心受炷、方柄下折；左拈栴檀，所

〔一〕此段文字丁本無，據《管庭芬日記》（中華書局二〇一三年，一四四一頁），是管庭芬又跋，「人」下有「再志」。
〔二〕此段文字管本無，據丁本補。
〔三〕此題丁本作「護國寺元人諸天畫像贊」。
〔四〕丁本「即」前有「案」字，下同。
〔五〕「鑪」丁本作「爐」。

謂娑婆世界主者也。雙鬟侍〔一〕，身首珠瓔〔二〕，露臂足，捧合及瓶花。劫始先生，爲佛警蹕。娑婆下帥，輔康上鷺。動念有情，梵子在膝。火定修悟，界高兜率。栴檀親炷，威儀静吉。離欲初禪，近法第一。傅巖敬題。下同〔三〕。

梵天王，梵語具云梵嚂摩，華言離欲，又云清净。謂此天王身心妙圓，威儀不缺，清净禁戒，加以明悟，統領梵衆，即《法華經》稱「娑婆世界主尸弃大梵，主〔四〕大千世界」者也。梵語娑婆，華言能忍。梵語尸弃，華言頂髻。又云火鏭修，火定而悟道也。

崇禎甲申春仲，錢塘傅齡文薰沐敬書。弟子謝彬齋沐稽首謹識，祈天福攸如，延胤茂至，能仁濟拔，匕鬯獲歸，并題。案：傅齡文，字長質，野倩公長子，明諸生，寄籍錢

〔一〕「侍」丁本作「二」。
〔二〕「瓔」丁本作「纓」。
〔三〕「下同」丁本作「以下皆同」。
〔四〕「主」丁本作「王」。

唐。野倩公殉難後，終身不仕〔一〕。謝〔二〕彬字文侯，上虞人，家於杭，以〔三〕畫著。

釋提桓因即地居世主、忉利中王、帝釋尊天。

釋提桓因寶髻瓔珞，合掌，服如王者，覆以袈裟。好女雙髻，持數珠，笄者以帊束髻，拱立。

囓〔四〕盂傳偈，實主忉利。以斯因緣，壞色標幟。乃主雛鬟，槵珠弄器。玉逢道署，上帝儒字。汝修窣堵，同三十二。永偕大梵，嚴衛佛次。

帝釋天王，帝即天帝；釋，梵語具云釋提桓因，華言能天主。言帝釋者，華梵兼稱也。此天居須彌山頂，即忉利天主也。謂此天往昔因中迦葉佛滅時，有一女人發心修塔，復有三十二人助修。繇是功德，女爲忉利天主，其助修者皆作輔臣，合稱爲三

〔一〕「傅齡文……終身不仕」，丁本作「齡文，即野倩先生長子，入籍錢塘爲諸生」。

〔二〕丁本無「謝」字。

〔三〕丁本「以」下有「工」字。

〔四〕「囓」丁本作「齧」。

十三天也。梵語須彌，華言妙高。梵語忉利，華言三十三。梵語迦葉，華言飲光。

崇禎歲次甲申春王，錢塘葛邦熙爲母謝氏祈壽康禄茂，慈護永綿，謹願。案鈐印，葛邦熙字素先〔一〕。

提頭賴吒天王即東方護世、乾闥〔二〕婆主、持國天王。

東黄金埵提都羅吒〔三〕天王赤光、露髻，額璐而髯。右提劍，左攬衣袂，披甲。幢露髮、仰鼻，捧劍室，力士捉械。

黄金如土，國寧不治。統攝香陰，聽樂而持。劍已〔四〕脱匣，顛熱永離。四皆可畏，王獨多髭。天根磨牙，取以飾椎。特稱擁護，金輪所資。

提頭賴吒，梵語也，華言持國。謂此天能護國土，即東方天王。居須彌山半第四

〔一〕此句丁本作「案所鈐章，字素先」。
〔二〕「闥」丁本作「達」。
〔三〕「吒」丁本作「咤」。
〔四〕「已」丁本作「芒」。

層之東黃金埵，領乾闥婆、富單那等，守護東方也。梵語乾闥婆，華言香陰，即帝釋之樂神也。梵語富單那，華言主熱病鬼。

崇禎甲申中秋，弟子鄧維垣捐工助裱，伏願慈闈永護，福禄無疆。薰沐并書。

弟子樊維嶽齋沐稽首謹識，祈願慈親暮景康强，以洎妻孥眷屬福善攸同，永遠無盡者。

毗留勒叉天王即南方護世、鳩槃茶主、增長天王。

南琉璃埵留離天王赤光、臂弓、握二矢，被甲起胄後覆。介者蒙豸首，按劍；其一皂巾，簪安石榴花，負韔。

青寶南色，王地同名。雕弓挂鞲〔一〕，鷲羽未鳴。善根難長，魔事易成。心手熟調，巧便自生。威德熾盛，穢屏魅清。領光颷動，指印霞頳。

梵語毗留勒叉，華言增長。謂此天能令自他威德善根悉皆增長，即南方天王。居須彌山半第四層之南琉璃埵，領鳩槃茶等無量百千鬼神，守護南方也。梵語琉璃，華言

〔一〕「弓挂鞲」丁本作「弧挂鞲」。

青色寶。梵語鳩槃茶，華言瓮形，即壓魅鬼也。

弘光乙酉歲仲春望日，書於靈鷲山房。弟子項士昌薰沐敬識〔一〕。

毗留博叉天王即西方護世、大龍王主、廣目天王。

西白銀埵毘留波叉天王赤光、額瓔、露髻、横鉞，交指上拱，類韋馱，目倍諸王。披甲鬼皆虎眉，一髻髑髏，一龍角，執錘佩劍以侍。

群龍婉婉，游於〔二〕銀坱。主者爲誰，種種妙響。誑戲不作，眼舌俱廣。珠珞千萬，醒驪供養。主忘匪目，實由〔三〕忘想。黄鉞平臆，斷自心上。

毗留博叉天王〔四〕，梵語毗留博叉，華言雜語，謂此天能作種種語言故。又云廣目，以其目廣大故，即西方天王。居須彌山半第四層之西白銀埵，領毗舍闍鬼等無量

〔一〕「敬識」丁本作「書」。
〔二〕「於」丁本作「戲」。
〔三〕「由」丁本作「繇」。
〔四〕丁本無此六字。

百千諸龍，守護西方也。梵語毗舍闍鬼，華言啖人精氣。

崇禎十有七年，歲在閼逢涒灘白藏之月，慧業弟子葛邦畿合掌，敬爲母李氏目疾，樂見照明，蒙佛金鎞，綿遠具慶云。謹願〔一〕。

毗沙門天王即北方護世，大藥叉主，多聞天王。

北水精埵鞞沙門天王額戴寶珞，獰目，披甲，擎舍利塔，項有青光。藥叉朱鬣，張口，頭垂髑髏，執如斗皂旆。胡人侍立，鳥爪，蒙貂，髯面。

王須彌如，福德普聞。掌中金色，古佛是墳。勇健無量，能爲之君。英儲應僉，安西著勛。晶埵隱日，寶戈出雲。天驕摧服，繫組曷云。

毗沙門，梵語也，華言多聞。謂此天福德之名，聞於四方，即北方天王。居須彌山半第四層之北水晶〔二〕埵，統領無量萬千藥叉，守護北方也。梵語藥叉，又云夜叉，華言勇健。

〔一〕「願」丁本作「題」。
〔二〕「晶」丁本作「精」。

崇禎甲申年夏仲吉日〔一〕，新安弟子吴之敦薰沐敬書，祈百事如意者。案鈐印，字商隱〔二〕。堅法弟子傅崑稽首和南謹識，伏願同登善根，天福所蔭，多聞流衍，永永無盡。案鈐印，吴之敦字商隱，傅崑字子玉〔三〕。

金剛密迹即親伏怨魔、誓爲力士、金剛密迹尊天。

金剛密迹貌甚獰生，露鬢、袒跣、提杵，身首瓔珞最繁。一袍帶者雙手捧卷如文字，髮垂冠外；一侍者眉髮如珠，爇香低嗅，以手覆鑪〔四〕。願護千兄，寶杵不碎。倨怒獰鬣，秘密躭〔五〕愛。法中禦侮，不煩衿佩。佛譜微密，似堪紀載。可一可二，幻門必判。樓主化身，勿辯其味。

〔一〕「日」丁本作「旦」。
〔二〕「案鈐印字商隱」管本無，據丁本補。
〔三〕此句丁本作「案鈐印，字子玉」。
〔四〕「鑪」丁本作「鑪」。
〔五〕「躭」丁本作「耽」。

金剛密迹天，手執金剛寶杵，識達如來一切秘密事迹也。往昔有王生千，有二子[一]。千兄同詣佛所，發心修道，而二弟不知。一弟發願：若千兄成道，我則爲魔惱害之。一弟發願：我爲力士，護千兄法，即金剛也，領五百藥叉神，皆是大菩薩等，居妙高峰，於賢劫千佛中，俱護其法也。劫，梵語具云劫波，華言分别時節。賢，劫名，以此劫中多賢人故也。

崇禎甲申年臘月八日，弟子陳錫九法名净新敬述。案鈐印，陳錫九[二]字晴雲。

摩醯首羅即特尊之主、居色頂天、摩醯首羅尊天。

摩醯首羅散髮、小鬘，三目、多臂，合掌，及弓、矢、繩、戈、火輪。鬼以錦蒙髮，虎文行纏、肩劍；又[三]雙角垂鬣，額出小首，負弓衣。

惟帝威靈，得大自在。普潤大千，滴數雨澂。居十住天，巍姿雄態。面具三伊，

[一]「有二子」丁本作「生有三子」。
[二]丁本無「陳錫九」。
[三]「又」丁本作「一」。

秘藏往貸。主饒目臂，幻首隸戴。莫炫五兵，儷指承誨。

摩醯首羅，梵語也，華言大自在，又緖威靈，或云三目，故爲三界尊極之主。《輔行記》云：色界天，三目八臂，騎白牛，執白拂，有大威力。居菩薩住處，能知大千世界雨滴之數，統攝大千世界於色界中，此天獨尊也。三界者，欲界、色界、無色界也。

崇禎甲申年仲夏吉旦，錢唐〔一〕弟子戴士彦薰沐敬書。祈保續生福業，轉瞬隨喜，善根永遠如願。弟子陳鴻儒稽首敬識。案鈐印，戴士彦〔二〕字儁公。

散脂修摩即二十八部、統領鬼神、散脂大將尊天。

散脂修摩施鬘、揚髪，貌如摩醯而二目，作二臂合掌形，甲而屩。從者紅巾，捧黄色襆；一陋劣雙髻、肩劍。

鬼母所誕，健提多力。八臂不施，皈依佛敕。鬘無冠容，履有跣色。寶印善升，慧鋒忘殛。二十八部，除衰惱惑。天大將軍，三密是職。

〔一〕「唐」丁本作「塘」。

〔二〕丁本無「戴士彦」。

散脂大將，散脂，梵語具云散脂修摩，華言密。《陀羅尼集》云：鬼子母有三男，長名唯奢文，次名散脂大將，次小名摩尼跋陀，能於十方世界覆護一切衆生，爲除衰惱等患。嘗地居，或空居，各有五百眷屬，領二十八部鬼神，隨是經典所流通處，與諸鬼神往至彼所，隨逐擁護，説法者消滅〔一〕諸惡，令得安隱，仍以身口意三密而加被之。謂衆味精氣從毛空〔二〕入，此身密加被也；莊嚴言辭，辯不斷絶，此口密加被也；人進勇鋭等，此意密加被也。至令聞者受人天樂，疾得菩提；其於賞善罰惡，功亦大矣。

崇禎歲次甲申上元，錢唐〔三〕葛邦熙祈保禄崇名達，嗣繁家慶，齋沐拜書。案鈐印，葛邦熙〔四〕字華樵。

大辯才即能與總持、大智慧聚、大辯才尊天。

〔一〕「消滅」丁本作「密消」。
〔二〕「空」丁本作「孔」。
〔三〕「唐」丁本作「塘」。
〔四〕丁本無「葛邦熙」。

大辯才莊嚴〔一〕相，花冠、瓔珞，八臂，持杵、斧、矛、繩、蒲桃、鐵輪、臂弓，合掌、執矢，跣。傍有蹲虎仰獅，侍者袒而盛飾，以器貯花在掌。慧不住福，如來能爾。應食智報，天胡不喜。如是享受，才辯雙美。諸佛歡供，佛法廣被。相表器表，猛迅弭耳。我憶維摩，無滯遐擬。案：此係摩利支天之像，序及贊語有誤〔二〕。謂得大智慧功德成就大辯才也。此天或居山岩深險處，或在坎窟大樹叢林。在處常翹一足，八臂莊嚴，常持弓、箭、刀、矟、長杵、鐵輪。帝釋諸天，常加供養贊嘆，具無礙辯於一切時，常自護世，濟物利生，流通佛法，無所怠倦，以慧資福。故光明會上，列之在功德天之前也。

崇禎甲申臘月，華川傅齡熙齋沐敬書。案：齡熙爲野倩公〔三〕幼子，字長穆，殉節〔四〕。緣成善果，歡百子來。爰我同人，情堪藹藹。伏願光明筵上，憑香華之永新。本

〔一〕丁本下衍一「嚴」字。
〔二〕「序及贊語有誤」丁本作「贊與證語俱誤」。
〔三〕「公」丁本作「先生」。
〔四〕丁本無「殉節」。

願因中，證福田而長往。謹識。陸慧、傅照臨、朱騶、項用順、項應彙、項用習、項用忠、范惟〔一〕孝、戴璋、周耀閭〔二〕、祝珽、鄭大仕。

大功德天即隨其所求、令得成就、大功德尊天。

功德花冠、瓔珞，相貌殊勝，左掌赤珠，右手如接引。侍女一雙鬟、珞〔三〕頂，珍寶盈槃；一貴飾，握明鏡，長繫縷。宿昔善根，得殊勝相。鬘繖富儀，幢圓勤餉。寶足恣供，樂法休暢。福極慧圓，如鏡取狀。布施不窮，萬億珍藏。多財而智，優榮〔四〕足尚。

此天《涅槃經》及《陀羅尼集》名功德天，《金光明經·散脂品》名第一威德成就衆事大功德天。於過去金山照明如來所種諸善根，故感福報，相貌殊勝，能令衆生

〔一〕「惟」丁本作「維」。
〔二〕「閭」丁本作「閻」。
〔三〕「珞」丁本作「絡」。
〔四〕「榮」丁本作「容」。

福德成就，常居最勝園，名曰金幢。若説法者，隨其所須，供給無乏。以福資集成出世因，則果滿二嚴，依正殊勝也。二嚴，即福、慧二種莊嚴也。依報即國土，正報即色身也。

崇禎甲申獻春，寶婺姜紹先齋沐謹識，願百事維新，康寧家室云。案鈐印，姜紹先[一]字啟肩。

韋天將軍即殷憂四部、外護三洲、韋馱天將尊天。

韋琨將軍腕杵、合掌，介胄，晰豐不髭。天軍白澤兜鍪。鬼以髑髏抹額，捧匱函而發光。

護闍弗瑩[二]，鬱罼亦倚。桓桓將軍，量真行美。彼三十一，四王距起。介士不拜，進與天齒。弃爾樂欲[三]，而承佛旨。慧杵似發，伽藍永恃。

韋天將軍，韋，梵語云韋馱，華言智論。《靈威要略》曰：天神姓韋諱琨，即南

〔一〕丁本無「姜紹先」。
〔二〕「瑩」丁本作「營」。
〔三〕「欲」丁本作「育」。

方天王八將之一臣也。四王合三十二將，此其爲首。生知聰慧，早離塵欲，清净梵行，修童真業，不受天欲，面受佛屬，外護佛法，統護三洲，利物弘化，大濟群生。故凡建伽藍，皆設像崇敬，以彰護法之功也。三洲者，南贍部洲、東弗于逮、西瞿耶泥也。伽藍，梵語具云僧伽藍，華言衆國，即佛寺也。

崇禎甲申秋初，邑人傅齡發書，男懋遠、徽遠祈智慧無量，疢疾永除者。案：齡發爲野倩公〔一〕次子，字長含，殉節〔二〕。

堅固地神即增長出生、證明功德、堅牢地神尊天。

堅固地神珠鬘、作女相，帔佩、合掌。侍女一衣履，槃盛珊瑚；一垂鬟，露肘而跣，持曲柄斗。

皇地堅持，隱形承足。方輿聞法，胥遂乃欲。皮珍濟物，吐食利俗。璚〔三〕樹苗

〔一〕「公」丁本作「先生」。
〔二〕丁本無「殉節」。
〔三〕「璚」丁本作「瓊」。

抽，琳斗種續。象服如河，飛珠鳴玉。宛爾坤維，居然乾躅。

堅固地神，堅固者，理體不壞，如金剛王無能破也；地者，謂其利世之功，如大地持載萬物，出生草木、百穀、珍寶也。此天隨是經典流布之處，常作衛護，隱形法座，頂戴説法者之〔一〕足，令聞法者如服甘露，增益身力。《地藏經》佛告地神云：閻浮土地，悉蒙汝護。凡地所生，皆悉豐足，利養一切；護佛教法於世出世，其功大矣。閻浮，梵語具云閻浮提，華言勝金洲。

崇禎拾柒〔二〕年首春五日，弟子施有仁薰沐敬書，祈求諸事吉祥如意者。

菩提樹神即覺場垂蔭、因果互嚴、菩提樹神尊天。

菩提樹神冠帔，施雜彩花，合掌。女地神眉無鈿珠，侍女小昇，而皆嚴飾，一捧盆樹。道樹葱蒨，覆佛最久。好女花鬘，服侔妃后。弘願微妙，福蔭希友。我聞植物，皆有神守。未若鉢羅，涅槃不朽。寄下一宿，帡幪之藪。

〔一〕丁本「之」下衍「間」字。
〔二〕「拾柒」丁本作「十七」。

梵語菩提，華言道，謂繇此神嘗守護如來成道處菩提之樹，因以主名。宿世因中自云：我嘗念佛，樂見世尊。嘗作誓願，不離佛日。是知大權示迹，微妙難思，覆蔭群生，現身利益。故諸經贊護，功德不可量也。

弘光乙酉春〔一〕仲，江上傳齡發。

鬼子母即生諸鬼王、保護男女、鬼子母尊天。

鬼子母鬘起，合掌袖中，回顧其子訶利帝。訶利帝手宜男花。保母盛飾，帊髻，外向抱兒。一鬼烏喙，禿作二髻，背如蝙蝠，捧桃實以獻。

魔種在抱，千界已血。五分應津，萬力難揭。啖嬰衛稚，轉念一呋。因愛入道，河流可竭〔二〕。千鬼嬈天，依戒俱滅。瑶果宜男，居然華説。

此鬼〔三〕所生千子，最小名愛奴，極所憐惜，常食人子。佛爲化彼，將愛奴藏之鉢

〔一〕「春」丁本作「歲」。
〔二〕「竭」丁本作「揭」。
〔三〕「此鬼」丁本作「鬼子母天」。

下。其母於天上人間覓之不得。既歸〔一〕伏已，佛遂揭鉢還之。其千子皆爲鬼王，統數萬鬼衆。五百在上，常嬈亂諸天；五百在世間，常嬈國界人民。佛爲授五戒，歸依正法，得須陀洹住佛精舍。凡人家無子息者，求之得子；有疾病者，禱之則安，故爲鬼王母。由受佛戒，亦呼千子，同依佛所，不惱天人也。五戒者，不殺、不盜、不邪淫、不妄語、不飲酒也。梵語須陀洹，華言入流，即初果〔二〕也。

崇禎癸未年秋八月吉旦，古婺朱鈺薰沐拜手，書於武林之梵天講寺。案鈐印，朱鈺〔三〕字乾若。

摩利支天即行日月前、救兵戈難、摩利支尊天。

摩利支天華鬘、瓔珞、額珠，合掌，莊嚴。侍女二人，皆以帊撮髻，垂珠，姣好，一握孔翠尾扇，上有日月形；一捧器，中有牛頭栴檀，出寶焰。

〔一〕「歸」丁本作「皈」。
〔二〕「果」丁本作「地」。
〔三〕丁本無「朱鈺」。

佛言陽焰，虚如[一]飛電。云何立號，思議難見。嚴飾先步，蟾烏激箭。塗香愈創，修羅革面。灾厄欲祥，流離厭戰。須假天力，一揮寶扇。案：此係辯才天之像，序及贊語有誤[二]。

梵語摩利支，華言陽焰，以其形相不可見、不可執，如彼陽焰也。此天嘗[三]行日月之前，護國護民，救兵戈難。《大摩利支天經》中有最上真言曰：唵摩利支娑縛賀。若人持此真言，無不感應。其不思議神力，誠可憑依也。

時弘光乙酉仲春望後一日，弟子項士昌薰沐書於靈鷲山房。案鈐印，項士昌[四]字台符。

蘇利耶即百明利生、千光破暗、日宫太陽尊天。

蘇利耶冠服約類大梵，合掌，美鬚。侍女盛妝，執長柄烏翣，錦囊一，寶器如瓶有梁。

〔一〕「如」丁本作「有」。

〔二〕此案丁本作「此係大辯才之像，贊及證語俱誤」。

〔三〕「嘗」丁本作「常」。

〔四〕丁本無「項士昌」。

夕車彭彭，周妙高山。施威樂福，得生其間。炎曦焦灼，不怖不還。離中清凉，城殿廣閑。烏羽葺篷，熱惱以删。破暗熟物，大哉明圜。

謂此天宿因持戒修善奉佛，得生其中。其宫殿城郭，皆百寶所成。五風運持，不令停住，環繞須彌山半，照四大洲。所謂南閻浮提日正中，東弗于逮日始没，西瞿耶尼日初出，北鬱單越當夜半，是爲一日照四天下，除冥破暗，成熟萬物，其功實大。《法華經》中名寶光天子，即此天也。五風者，持風、住風、隨順轉風、波羅訶迦風、將行風也。梵語弗于逮，華言勝。梵語瞿耶尼，華言牛賀〔一〕。梵語鬱單越，華言勝處。

崇禎癸未年菊月，古婺朱鈺薰沐敬書。

蘇摩即星主宿主、清凉照夜、月宫太陰尊天。

蘇摩服皆如日神，冠面有娑羅樹、兔形，相類梵釋，合掌。侍女妝亦如〔二〕日，而一跣，持高幢，一捧黄襆，仿散脂。

〔一〕「賀」丁本作「貨」。
〔二〕「如」丁本作「似」。

同修天福，凉燠各异。五風雙持，百寶兩置。晦魄映曦，圓靈燭地。誠掌修羅，寄輪明視。勞煩夜滋，乘〔一〕除宣示。功次赫暘，下士拜賜。

此天宿因所修所證，與日宫天子同，故生其中。其宫殿百寶所成，五風運持，不令停住，環繞須彌山半，照四大洲。其圓缺者，白月初日在前，黑月初日在後。因日影覆射，故有圓缺。所謂近日自影覆，故見月輪缺。然月光陰滋萬物，夜發光明，功次於日，《法華經》云「明月天子」是也。白月初者，上半月初也。黑月初者，下半月初也。

崇禎歲次甲申玄英之月，錢唐〔二〕朱維城齋盥謹書。案鈐印，朱維城字虎臣，又字佩蘭。

娑竭羅龍王即秘藏法寶、主執群龍、娑竭羅王尊天。

娑竭羅龍王服小异日月宫天子，冠面作蓮花承殿形，而三綴寶珠，秉圭，貌類蘇利耶、微䊢。龍女手珠有光。戲龍魚使，身首蒙鯊皮，以帛交纏脛，持七寶盤。

〔一〕「乘」丁本作「未」。

〔二〕「唐」丁本作「塘」。

大權愈力，沛然洪霔。四因靡墮，金翅非懼。娟娟掌珠，求汝不庋。入大鹹海〔一〕，威莊汝素。雲軫未聆，世亦甘澍。寶宮嵯峨，波底天路。

梵語娑竭羅，華言鹹海。又繙龍王，即鹹海中一百七十七龍王之第七龍王也。今獨列此龍王者，謂是大權菩薩居十地之中，示現龍身，處於鹹海。若降時雨，先布密雲，端坐舉念，其雨普洽。常隨佛會，護法護民，其利甚博。所居宮殿，七寶嚴飾，與天無异。十地者，歡喜地、離垢地、發光地、照慧地、難勝地、現前地、遠行地、不動地、善慧地、法雲地。七寶者，琉璃、玻瓈、硨磲、瑪瑙、金、銀及〔二〕赤真珠也。

崇禎甲申冬日，童子錢祖吕，法名智惺。

閻摩羅王即掌幽冥權、爲地獄主、閻浮羅王尊天。

炎〔三〕魔羅王額瓔、似廣目，披甲，壯偉，拱立。侍者卷髮、金環，以槃置鐸。

〔一〕「海」丁本作「中」。
〔二〕丁本無「及」字，「金、銀」在「琉璃」前。
〔三〕「炎」丁本作「閻」。

其大臣冠纓，而手持合。

毗沙獄拾，遂成雙王。現身忘趣，饒益無方。建國匪遠，登是南疆。金鐸振釪，寶合供香。火塗佛事，寒冰福堂。應見度者，即是慈航。

梵語閻摩羅王，華言雙王。謂繇此王與妹皆作獄主，故云雙；兄治男事，妹治女事，故又云隻。又云息諍，謂止罪人諍故。或云是菩薩爲利益衆生，故變化所作。《正法念經》載閻摩羅王爲人説偈云：汝得人身不修道，如入寶山空手歸。汝今自作還自受，叫唤苦者欲何爲。又《十王經》云：閻王於未來世作佛，號普王如來。謂菩薩變化者，良有以也。閻羅王一念之惡，使總獄事，自身受苦，亦不可論。閻羅大王昔爲毗沙國王，與維陁始王〔一〕戰，兵力不如，因立誓願：願我後生爲地獄主，治此罪人，十八大臣及百萬衆皆悉同願。毗沙王者，今閻羅王是；十八大臣，今十八獄主是；百萬之衆，今牛頭阿旁等是。而此官屬悉隸地方毗沙門大天王。《長阿含經》云：閻羅大王所住之處，在閻浮提南金剛山内。

〔一〕丁本「王」下有「共」字。

崇禎甲申臘月八日，寶壽弟子吴之增，法名浄端，和南寫。案鈐印，吴之增〔一〕字峻公。

管庭芬跋

右元人所作〔二〕諸天像二十幀，題識有「浙西道杭州路〔三〕龔文昌喜捨」等字。文昌事迹未詳，中有「願早還鄉」之語，疑宦游時〔四〕所繪，既歸則捨諸近鄉之藍若者。每幀明季重裝，上下界以素縑，傅節愍公均題贊語於前〔五〕，而末〔六〕則同訂善因者各考〔七〕

〔一〕丁本無「吴之增」。
〔二〕「作」丁本作「畫」。
〔三〕「路」下丁本有「錢唐」。
〔四〕「時」丁本作「他郡」。
〔五〕「節愍公均」丁本作「野倩先生俱」，「前」丁本作「上」。
〔六〕「末」丁本作「下」。
〔七〕「考」丁本作「從」。

釋典，書諸天證語一則，始於崇禎癸未，終〔一〕於南都僭立之年。案節愍字野倩〔二〕，又字辛楣〔三〕，由義烏流寓錢唐〔四〕，遂寄籍焉〔五〕。晚舉崇禎七年甲戌進士，授江南歙縣知縣，有惠政。行取爲江西道監察御史，言事不合〔六〕，拂衣歸。性嗜釋〔七〕典，家有大梵樓，貝夾縱横，昕夕默坐〔八〕，有終老之志。南都既立，以禮部主事徵〔九〕，未莅任。南都失守，時金華爲公桑梓舊鄉，與義旅攖城固守。子齡文、齡發、齡熙俱侍軍中，城破，殉難。

〔一〕「終」丁本作「畢」。
〔二〕「字」前《管庭芬日記》有「諱巖」。
〔三〕「案節愍字野倩又」丁本作「考野倩先生」。
〔四〕「錢唐」丁本作「武林」。
〔五〕「寄」丁本作「占」。
〔六〕「行取爲江西道監察御史言事」丁本作「與上官」。
〔七〕「釋」丁本作「内」。
〔八〕「默」上丁本有「焚香」。
〔九〕「徵」下丁本雙行小字「一云江西道監察御史」。

齡熙年十四，以身蔽父，刃著於頤而死。齡發中矢，洞左腋，未死〔一〕，見父弟俱枕藉血泊中〔二〕，慟曰〔三〕：「吾一家可謂無負國恩矣！」遂以手抉其創，創裂而卒。幸遺黎藏其骨，事平，始得歸葬於慈雲嶺之施家山。惟〔四〕齡文先以事遣歸武林〔五〕，得免。今《錢唐志〔六〕·忠節》既爲立傳而復删去，《西湖志》載其墓而不注事迹〔七〕，《金華詩録》存其詩而不書其殉國〔八〕，皆有所諱之也。此《贊》所題未及期年，父子盡湮碧血，亦可

〔一〕「未死」丁本作「殞絶復蘇」。
〔二〕「俱」丁本作「皆」，「泊」丁本作「泥」。
〔三〕「慟」前丁本有「大」。
〔四〕「幸遺黎藏其骨事平始得歸葬於慈雲嶺之施家山」丁本作「事平始得裹骨歸葬慈雲嶺之施家山」，置於下「得免」後。「惟」丁本無。
〔五〕「武林」丁本作「錢唐」。
〔六〕「志」上丁本有「縣」。
〔七〕「載」上丁本有「南山路」，「迹」丁本作「略」。
〔八〕「書其」丁本作「言」。

悲也已。節愍公著述甚富〔一〕，有《花巢紀事》二十四卷、《乘檻草》四卷、《黄山録》四卷。其子齡文輯有《花巢軼稿》八卷，皆〔二〕兵燹無傳。僅此所題尚是真迹，且書法逼近顔平原，而〔三〕不歸劫火者，豈亦有佛力護持耶？今春予友汪鐵樵騎尉訪得於護國仁王寺中，屬南屏六舟上人奉歸，始得敬瞻，即盥録贊語等於册〔四〕，并參考《義烏人物志》及《錢唐志》孝友、文苑等傳，始得其涯略〔五〕。然孤忠勁節之士，志氣白不磨於天壤間〔六〕。如好義者能將手迹勾勒貞石〔七〕，以存南屏〔八〕，則與搜刻張蒼水先生遺墨

〔一〕「節愍公著述甚富」丁本作「野倩先生所著」。
〔二〕「乘檻草四卷黄山録四卷其子齡文輯有花巢軼稿八卷皆」丁本作「及詩文集若干卷」。
〔三〕「是真迹且書法逼近顔平原而」丁本作「屬真迹其」。
〔四〕「鐵樵騎尉訪得於護國仁王寺中屬南屏六舟上人奉歸始得敬瞻即盥録贊語等於册」丁本作「騎尉鐵樵得見於護國寺屬南屏六舟上人假歸予得敬瞻録存贊語等」。
〔五〕「人物志」丁本作「先賢傳」，「孝友文苑等」丁本作「齡文齡發二」，「始」丁本無。
〔六〕「間」卜丁本有「原不藉文字以傳」。
〔七〕「如」丨本作「設」，「手迹」上丁本有「先生」，「勾勒貞」丁本作「鈎摹槳」。
〔八〕「南屏」丁本作「寺中」。

同爲不朽之盛事矣，是有望於後之君子。

時咸豐壬子六月既望〔一〕，海昌管庭芬芷湘甫謹跋於靈竺之白雲山房〔二〕。

管庭芬又跋〔三〕

南宋臨安釋神焕，安吉人，嘗撰《諸天傳》二卷，四明范氏天一閣尚存其書，蓋以君臣、賓主、男女本迹爲綱目，謂大梵尊天君臨三界，統上貫下，諸天皆其臣屬也。大梵爲三界主，三目摩醯爲大千主，帝釋主地，居三十三天，四王主領八部，雖君臣不同，要各有主義。若大辯才在山澤，功德主在北天園中，皆客寄耳，實無所主領也。梵釋四王是男天，功德主、大辯才、地神、樹神皆女天，不可使男女失序。况鬼子母有女

〔一〕「壬子」前丁本有「二年歲次」，「六月既望」丁本作「七夕後一日」。「咸豐」，《管庭芬日記》無。
〔二〕「芷湘甫」丁本無，「之」上丁本有「山中」，「山房」丁本作「精舍」。「海昌管庭芬芷湘」，《管庭芬日記》無。
〔三〕此跋不見於丁本。

名功德天，有男名散脂修摩。今子居上[一]，或謂之以母從子，豈可居天主之上乎？梵釋四王本是地住菩薩，金剛滅迹，本護成佛，不揣其本，而齊其迹，可乎？知此四義，然後始可以言天矣。其大旨如此，然魔利支天手擎日月，并操戈矛，所謂行日月前、救兵戈難者，決然無疑。且唐宋所遺石刻像，莫不皆同。今伽藍中每與大辯才各相互謬，節愍公贊語亦仍其失，殊不可解。安得訪貫通全藏者一正之也？中元前一日，庭芬又跋[二]。

六舟跋[三]

傅節滑公，由歙令行取爲江西道監察御史，事詳《畿輔通志》。言事有忤當路，拂衣言旋。南都以禮部主事徵，未仕而亡，事詳吴慶伯所作傳。然公學問優長，著述繁富，《錢唐・經籍志》尚有《乘檻草》四卷、《黄山録》四卷。其子齡文輯有《花巢

〔一〕「居」下《管庭芬日記》有「母」。
〔二〕「庭芬又跋」《管庭芬日記》作「又書」。
〔三〕此跋不見於管本，據丁本補。

軼稿》八卷，則不僅《花巢紀事》一書爲公之專集矣。此手題元人王永綏所畫諸天像二十贊，非貫通全藏，則不可秉筆；字亦凝重，得平原神髓。余於護國寺主源静假至南屏，先屬芷湘茂才校録其副，實有所待也。考古來忠節之士，每多寄情禪悦，以爲明心見性之區，非徒托空言，藉資福報，讀者當有所諒矣。特恐涉世久遠，并絹素盡亡，則何以存公之墨妙於虞淵莫挽之時。使玉碎崑山，珠沉瀛海，不更可悲夫！擬募諸好義，或勒貞珉，或刊梨棗，則當與中峯老人《大士三十二贊》并留南山。不僅金石增光，益且佛門生色，願隨心轉，是有所厚望焉。

時咸豐二年，歲在壬子小春朔日，前南屏住山沙門六舟達受謹跋。

丁丙跋[一]

護國寺有二，一在棲霞嶺白沙泉旁，宋淳祐間賜額；一在城内西府局側，門臨西

[一] 此跋不見於管本，據丁本補。

河，殿宇簡樸。六公既稱諸天畫像向藏杭城護國寺，則寺當在西府局側矣。舊有静禪上人住其中，余方外交也，善相人術，庚申春死寇難。其物色畫像之汪鐵樵騎尉，年逾七秩，亦殉節辛酉之冬。題跋之子湘管明經，因避難歿於海昌村落；六舟開士劫前已示寂於白馬寺，所蓄金石書畫悉先雲散。海昌劫滅於杭，是像或仗佛力拔出燹灰，未可知也。至題贊之傅節滑公，偶耽禪悦，終膺國難；兩男死孝，遺著飄零。其女夫吴徵士農祥《梧園集》有《崎麗樓賦序》云：「樓爲辛楣傅公之居，乙酉之難，公父子殉節於綉川，此地没爲浙江總督尚書之公署，垂四十年。會真定梁公允植爲錢塘令，而總督尚書則武定李公之芳，梁公具以其事上尚書。會尚書再以幣見徵，余之尚書所言其故，慨然曰：『審爾，當還其家，矧余奉命駐節三衢，此即空署耶。』遂從所請，先以地基三之一歸傅氏矣。未幾而里兒煽惑，賈竪交通，數蹈海之愚忠，述吠堯之逆節，不虞死後，尚記生前。而公之後嗣單寒，稚孫愚弱，無門控訴，賣宅經營。於是艾席葭墻，蓬扉桑户，鞠爲瓦礫，蕩作丘墟矣。」此節滑寓杭之居址，管明經所未及引證者也。

同治甲子正月，竹舟兄得此帙於甬上汲綆書肆。忽忽三十二年，兄既歸道山，余亦衰病日侵，懼其久藏篋中，徒飽蟫腹，特爲板傳之。匪僅傳畫像也，實傳傅公之忠烈與鐵樵、静禪之節義，子湘、六舟之博雅耳。倘諸天有靈，真迹載顯，尚擬鈎摹樂石，以圖不朽云。

光緒乙未閏端陽節，丁丙識。

詩十五首

庚辰元旦

曉起看雙鬢，居然比昨非。趨朝人語早，掩幔客來稀。酌酒分居後，傳柑秩尚微。遥思故鄉會，是日定春衣。

（《御選明詩》卷六五）

姑蘇早發

吴閶西去片帆輕，野樹微茫水國平。一夜櫓聲摇月影，不知枕上過菰城。

（《御選明詩》卷一一三）

龍井寺

岧嶤精舍據神湫，碧蘚猶封古玉溝。委路輕颸叢竹曉，孤雲片石嶺松秋。寒渟絶甃通靈怪，香潑新芽解掐浮。結搆依巖高下在，至今想像過溪游。

（清汪孟鋗《龍井見聞録》卷七）

烟霞洞

島外危峰逼九霄，遶峰諸洞尚山椒。亂霞入樹高凝色，飛翠盈衣獨見標。茶女芳畦當鹿徑，獵人茅屋近僧寮。白雲緑葉新過雨，半嶺擕樽惟野樵。

（清魏㟲《（康熙）錢塘縣志》卷二）

虎跑寺

緑江烟嶂抱禪宗，涌出寒泉下碧峰。三刹秋窻堪門水，一蹊夜月互傳鐘。學徒道渴尋龍藏，城市泉清認虎踪。啜罷俗塵都浣盡，可能功德長機鋒。

（清魏嶸《（康熙）錢塘縣志》卷十四）

岳王墓

諸陵無復南轅祀，半嶺猶存少保祠。洒血痛於龍塞酒，涅膚深似御書旗。八千雲暗成三字，十二符來只一時。東望靈潮撼城郭，莫言幽恨獨鴟彝。

（清魏嶸《（康熙）錢塘縣志》卷十五）

南屏石

石勢嶙峋初地高，花林如織俯之□。竹枝擁閣違秋暑，松葉連崗接海濤。布席便當餐大藥，引杯還擬醉醇醪。侵霄古塔猶前代，梵唄中疑見白毫。

（清魏嵋《（康熙）錢塘縣志》卷三三）

早春法相歸人

花宮晝敞新春早，盡是朝探卓錫泉。裂竹山雷迎凍發，依梅龕火雜香然。裙前細草囬林雪，樓外寒橋入野烟。共訝舊游成老大，却欣勝事憶初年。

（清魏嵋《（康熙）錢塘縣志》卷三三）

渦水草舍得古梅數本

溪堂老幹横霄漢，冷蘂疏枝不自禁。溪谷每含霜露氣，川原坐惜歲時心。數聲羌笛吹朝雨，何處悲笳起夕陰。東閣官梅都寂寞，江城消息總浮沉。

（清魏嵘《（康熙）錢塘縣志》卷三三）

正月十六夜

武林遺俗看燈罷，陳飴設果當深夜。共言卧榻有神靈，阿母阿翁同造化。嬌兒幼女競粧餙，焚香羅拜滿床下。一年聰慧易長成，疾病遠離免啼咤。吾家童稚燦成行，齊眉列齒低相亞。此時不解憶京華，指點隨人致祈謝。何日重看綦博棋，鳳凰彪子燈前訝。

（清魏嵘《（康熙）錢塘縣志》卷三五）

雲居寺訪吴若谷不值

秋林匿初紫，山寺渺雲際。揭來訪幽踪，荆扉忽已閉。厨僧衲意寒，鄰客棋聲細。之子定何從，群峰自迢遞。

（清魏嵲《（康熙）錢塘縣志》卷三五）

坐冷泉亭

鬱樹蒼崖映水開，靈峰不信竟飛來。香臺入路分溪雨，嶺竹通泉合澗雷。洞繞細雲晨未散，幢生高靄暝初催。垂竿枕上懷當日，雁齒紅橋重首回。

（清魏嵲《（康熙）錢塘縣志》卷三五）

秋日游甘露虎跑真珠諸寺次郭無虞韵

行行訪遍緑楊堤，寺古山深斷馬蹄。帶酒呼觴棋再北，和鐘落梵字皆西。搜奇地主能知水，畏客山僧不度蹊。賦罷悲秋各歸去，囬看荒靄暗銀題。

（清魏嵘《（康熙）錢塘縣志》卷三五）

賜鈔

慣見罘罳識御床，漢庭題柱重爲郎。蟠龍寶字頒初命，丹篆金錢出上方。是處闌螭渾刻雪，頻窺殿瑣只聞香。周除若水無鵷鷺，獨有諸儒仰昊蒼。

（《（嘉慶）義烏縣志》卷二一）

忠清廟

入城山勢海天雄，高出樓臺俯大東。日色曉平螺髻外，人家春沸鳳簫中。越臣有策憐酬劍，楚客無心恨得弓。兩地霸圖俱寂寞，獨餘波浪激西風。

（《（嘉慶）義烏縣志》卷三二）

附録

《（嘉慶）義烏縣志》傅巖傳

傅巖，字野倩，號辛楣，少孤而貧，僑於會城。好讀書，工古文、詩賦。大啓甲子舉南雍。崇禎甲戌成進士，知歙縣。歙多巨族，好訟，輒破其家。魏瑺昔有黄山積案十年矣，亟清之。邑中四望皆峻嶺峭壁，徑穿篝篠，伏莽集焉，行者戒途。巖立偵盜法，部署健兒，率以捕。時有盜五十餘人，晝行河西橋，謀劫獄。巖往擒之。盜匿神廟，謂巖書生不解鬥，猶樹幟廟門，伏而瞰。巖馳馬射幟，矢中盜刃，錚然有聲。盜駭曰：「是健令也。」越户逸，追獲十三人。舉循良。既，以讒去官。起南户部主事，不赴。婺踞城守，入與偕。已而出之城南山，亂兵抄民家，以巖告。季子齡熙年十四先見殺，巖遇害，仲子齡發被矢，創裂死。所著有《甲戌紀事》《歙紀》《十願齋花巢傳詩》等集行世。長子齡文字長質先是奉命離山，已聞變，與巖配吴往，得三尸於草中，斂而匣以歸。齡文少爲諸生，弃不試，作詩，以敗筆書壁間嘗滿，作《魚服》《泣綃》《雌雄兄弟》及《復楚》諸樂府，十年卒。齡發字長舍，齡熙字長煕。國

朝乾隆四十一年賜謚節愍發、熙并予，入忠義祠。（清諸自穀等《（嘉慶）義烏縣志》，義烏市志編輯部影印二〇〇一年）

《（光緒）浙江通志》傅巖傳

傅巖，字野倩，義烏人，少孤貧，及長，好讀書，作詩賦、古文辭，皆鐫理刻肌，風瀾特妙。天啓甲子舉南雍，登崇禎甲戌進士，知歙縣，舉循良第一，後以讒去官。明亡，死於金華，子齡發、齡熙同死之。

《海東逸史》傅巖傳

傅巖，字野倩，義烏人。崇禎七年進士，授歙縣知縣，被讒去官。魯王監國，擢江西道御史，爲朱大典監軍。北兵破金華，與二子齡發、齡熙并死之。《小腆紀年》云：巖還至義烏死。國朝賜謚節愍，子附入祠。初，巖之遇禍，刃將及，齡熙年甫十四，以身翼蔽其父，刃著於頤而死。齡發趨救，矢洞右腋，移時復蘇，見父弟已死，遂以手抉其創而卒。長子齡文從外至，得不死，乃奉其母歸杭州，藜藿不充、蓬頭垢面者又十餘年而終。（《四明叢書》第二集）